DE DESAMORES,

la vie

JOSEFINA DELAVEAU EGUILUZ

PAGE PUBLISHING
Conneaut Lake, PA

Primera publicación original de Page Publishing 2024

ISBN 978-1-6624-9808-4 (Versión Impresa)
ISBN 978-1-6624-9822-0 (Versión electrónica)

Libro impreso en Los Estados Unidos de América

Índice

Introducción

Desde hace un tiempo he sostenido la creencia que la vida es comparable a una montaña rusa donde experimentamos, tanto los momentos más altos como los más bajos. Subimos con entusiasmo y alcanzamos la cima, pero inevitablemente nos vemos arrastrados hacía abajo.

En ocasiones podemos escalar una montaña y deleitarnos con la vista desde la cima, disfrutando de los amaneceres y atardeceres que nos ofrece. Sin embargo, nunca podemos aferrarnos a ese lugar privilegiado por mucho tiempo, pues, como dice el refrán: "Todo lo que sube tiene que bajar".

A lo largo de mi vida, he recibido recomendaciones de libros de autoayuda que prometen guiarme en mi proceso de sanación; no obstante, he decidido embarcarme en la aventura de escribir mi propio libro, como una forma de explorar mi propio ser y encontrar la curación que tanto anhelo.

Mi objetivo con esta obra es poder ayudar a otras personas que puedan estar pasando por experiencias similares a las mías. A través de mi propio proceso, espero que puedan identificar las señales y advertencias que yo no supe reconocer a tiempo, las famosas *"red flags"*.

A medida que avancen en la lectura de este libro serán testigos de mi travesía emocional, que abarca desde la tristeza hasta la felicidad, pasando por ansiedad, depresión, desesperación, resentimiento, rabia e ira. Son una gama de emociones que he experimentado y que comparto con la esperanza de que puedan encontrar consuelo y comprensión en ellas.

"De desamores, *la vie*" nació en el buscar de mi propio ser y en aprender a desprendernos de quien creemos amar. A lo largo de sus páginas podrás presenciar una relación amorosa que dejó una profunda marca en mí, así como mis duras caídas, altibajos, errores y descubrimientos. Pero, sobre todo, podrán descubrir las valiosas lecciones que he extraído de estas experiencias.

No puedo expresar mi gratitud lo suficiente hacia las personas que han estado a mi lado durante este proceso. Agradezco a mi mamá por su constante impulso para salir adelante, al igual que mis abuelos por su apoyo incondicional desde mi infancia hasta ahora.

A mi papá, le agradezco su sabiduría y su guía, que me ha permitido avanzar un día a la vez, paso a paso, incluso cuando todo parecía desmoronarse.

A mi hermano, quien estuvo a mi lado en uno de los momentos más difíciles de mi vida, a pesar de estar lejos de nuestra familia. Su apoyo significó un mundo para mí y me recordó que nunca estoy sola.

Gracias también a mi Bananu, Majito, mi amigo Tomás, Ale, Joel, Flo, Fran, Marcelino y a mi amiga de la infancia Anto. Gracias a todos ustedes por abrirme los ojos y estar a mi lado, sin importar las circunstancias.

Gracias a mi queridísima amiga Juli, que hoy la considero como mi hermana, por darme un apoyo incondicional estando en el bote, por bajarte del yate en donde trabajabas en República Dominicana e ir directo a ver cómo yo estaba, por subirme el ánimo, escucharme hasta cuando ya estabas harta del tema. Gracias por siempre ser ese apoyo en todas las áreas de mi vida. Te adoro con toda mi alma amiga. Gracias a Zury por contagiarme de tu alegría en mis peores momentos estando a bordo, por hacerme reír y ser una mujer tan sorora conmigo en momentos donde más necesité consuelo. Gracias a Dani (el chef y esposo de Zury), por escucharme durante cinco meses, desde mis preocupaciones, mis locuras y mis llantos. Gracias por haber cubierto esa guardia de 4 días, en el cruce de Sint Maarten a Bahamas. Cuando no podía ni comer y lo único que comía eran gomitas de melatonina para no pensar y evadir la realidad, tú sin quejarte cubriste la guardia que nos tocaba a los dos y te preocupaste de que yo comiera.

CUANDO TE ESCRIBE A LAS 12 DE LA NOCHE PARA QUE VAYAS A VER UNA "PELICULA"

AHÍ NO ES, ESE HUEVITO QUIERE SAL

Gracias a mi Tata Gustavo por haberme mandado señales desde el cielo, señales que fueron muy claras y que no quise ver. Te agradezco tu protección y guía. Un beso enorme al cielo Tata, te adoro. Siempre estás en nuestros corazones.

Le quiero también dar las gracias a Rodolfo, mi queridísimo Coach espiritual y quien ha estado a mi lado desde el año 2020. Gracias por guiarme, por tenerme paciencia, por de verdad tener ganas de ayudarme. Veo la bondad que tienes y ojalá todos tuvieran a un Rodolfo en sus vidas, porque todo lo que haces, lo haces desde el corazón y sin esperar nada a cambio, eso es lo que más valoro de ti.

Finalmente, quiero agradecer a "El Niño", quien me hizo experimentar un dolor que nunca antes había sentido. A pesar de todo, gracias a esa experiencia pude encontrar una fuerza interna que no sabía que tenía. Gracias a lo vivido con él puedo afirmar, con convicción, que soy *inquebrantable*.

Capítulo uno

Vales mucho, pero no lo sabes aún

Siempre me he preguntado por qué atraigo constantemente a hombres que no están emocionalmente disponibles, o que son fríos y distantes, mientras que yo soy una mujer cálida, detallista y muy, pero muy de piel. Esta dinámica de apego y dependencia emocional puede ser muy frustrante y confusa.

Cuando investigamos sobre el tema, encontramos muchas teorías psicológicas que hablan de heridas de abandono o de la infancia. Estas heridas pueden influir en nuestros patrones de atracción hacia personas que no pueden brindarnos la cercana emoción que necesitamos. Pero también existe otra perspectiva, más espiritual, que habla de las vidas pasadas y de las diferentes conexiones que podemos tener con otras almas, como las llamas gemelas o relaciones kármicas.

Sin embargo, independientemente de cuál sea la explicación detrás de este patrón, lo importante es reconocer que papel estamos jugando en esta dinámica. Nos hemos acostumbrado a quedarnos en nuestra zona de confort porque nos sentimos seguros y a salvo en ella. Pero, ¿realmente estamos avanzando en nuestra vida o nos hemos estancado en esta rutina de relaciones poco saludables?

Aprender a soltar y dejar ir puede ser extremadamente difícil. A veces, incluso, nos aferramos más cuando nos dicen que debemos soltar. Pero es necesario tomar conciencia de esta resistencia al cambio y al crecimiento. Si queremos avanzar, necesitamos enfrentar nuevos desafíos y salir de nuestra zona de confort.

Te invito a escribir sobre la situación que te está afectando y a reflexionar sobre lo que crees que necesitas sanar. Esto puede ayudarte a identificar patrones y creencias limitantes que podrían estar influyendo en tus elecciones y en la dinámica de tus relaciones. Además, considera buscar apoyo adicional, ya sea a través de terapia o recursos en línea, para ayudarte en este proceso de sanación y crecimiento personal.

Recuerda que el camino hacia la sanación y crecimiento no es fácil y puede llevar tiempo y esfuerzo, pero vale la pena.

✓ ....

✓ ....

✓ ....

✓ ....

✓ ....

✓ ....

✓ ....

✓ ....

Trabajar como azafata en yates de lujo puede ser una experiencia fascinante y llena de glamour, pero también puede presentar desafíos emocionales inesperados. Encontrar el amor en un entorno como este puede ser aún más complicado.

Estuve trabajando en un barco de pesca, un Sport Fish Boat Viking de 82 pies, en donde conocí a "El Niño", un lobo disfrazado de oveja, yo pensaba que era el amor de mi vida, pero solo terminó siendo una pesadilla a la cual no sabía ponerle fin.

Escrito 5 de junio.

A continuación yo seguía escribiendo, pero aún me encontraba atrapada en el vínculo tóxico con el niño. Confundida, todavía no sabía quién era él realmente; la distancia me ayudaba a poner en duda todo y darme cuenta, poco a poco, que él demostraba ser quien era gracias a sus acciones y que con sus palabras engañaba, manipulaba, atrapaba a sus víctimas, y yo fui una de ellas.

Quiero que entiendan que, a medida que yo iba escribiendo, me iba adentrando cada vez más en mis emociones y haciendo descubrimientos sobre lo sucedido, pensando en las situaciones que viví y en su comportamiento hacia mí.

Actualmente me encuentro en Bahamas, mientras que "El Niño" está en Costa Rica. Han pasado dos meses y medio desde la última vez que nos vimos y he llegado a creer que soy yo la responsable de su silencio e indiferencia. Incluso he llegado al punto de pedirle perdón por cosas que ni siquiera debía disculparme, todo con tal de no perderlo o no hacerlo enojar.

Recientemente le pedí perdón y ahora me doy cuenta de que no debería haberlo hecho. Antes de hablar con él tenía muy claro mi punto de vista, pero de repente me vi pidiéndole perdón.

Hablando con una amiga, me dijo algo que me dejó pensando toda la tarde y fue: *"No puedes perder algo que nunca tuviste"*. Hasta el momento, me he dado cuenta de que el problema no radica en cómo él me trata, sino en que yo permití que me tratase de esa manera. No he sabido establecer límites y sigo permitiendo que me trate como él quiere, no me estoy valorando ni dándome el amor que merezco. Como todos dicen, si no te das amor a ti mismo, nadie más lo hará por ti. Es por esto, y otras razones más, que estoy escribiendo este libro, quiero poder leerlo una vez esté terminado y sentirme orgullosa del proceso que hice y el valor que tuve para soltarlo de una vez por todas. He querido creer que el me ama, pero me estoy muriendo en vida.

¿HUMILDE?

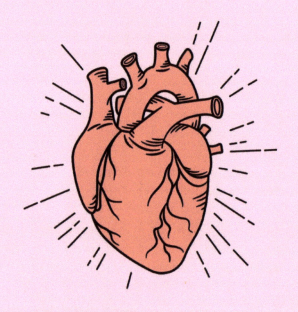

HUMILDE FUE
HABERME
ENAM~~ORADO~~ DE UN
SHREK! iUGGGG

Entender que habrá altos y bajos, pero saber que seré capaz de soltarlo me da la esperanza de saber que estaré bien. Creo que el amor que él me da es el que creo merecer, pero darme cuenta de que son solo migajas me hace sentir mal, especialmente sabiendo quién es él y aun así no sé cómo salir de toda esta situación. Es como si me diese migajas de amor cada vez que estoy a punto de sacarlo de mi vida y se lo voy demostrando cuando pongo distancia. Pero otra vez me vuelve a envolver y me da esas migajas de amor, me destruye el alma una vez más, es un círculo vicioso.

Querido lector, la historia no termina aquí, es más larga de lo que piensan y más compleja aún. Pero si quieren saber más de esta historia deberán leer el libro completo y llegar al final, donde sabrán qué pasó entre él y yo, ya que incluso ahora, escribiendo este libro, eso sigue siendo una incógnita.

Pienso que a veces es bueno arder en el fuego, ya he pasado por ahí. Ahora estoy viviendo una transformación profunda y significativa ya que inicialmente, me encontraba en negación, evitando a aceptar que nuestra relación había terminado. Aunque al principio me encontraba en negación, evitando aceptar que nuestra relación había terminado, poco a poco estoy comenzando a enfrentar la realidad. A medida que paso por esta experiencia me doy cuenta de que necesito aceptar la verdad y rendirme ante ella. A pesar de que todavía hay momentos en los que deseo estar con él y me pregunto si hay alguna posibilidad de reconciliación, también entiendo que debo dejar ir lo que ya no es saludable para mí, es complicado, lo sé.

Confieso que me asusta llegar a la etapa de aceptación, sé que es un paso necesario para seguir adelante. Sé que habrá tristeza y dolor, pero también sé que es esencial para mi propio crecimiento y bienestar. Entiendo que habrá momentos difíciles y que tocaré fondo, pero estoy decidida a renacer de las cenizas y convertirme en una versión de mí misma más fuerte y empoderada. La transformación interna que estoy experimentando es un recordatorio constante de que la vida sigue adelante y que estoy en constante evolución. A pesar de que todavía no sé qué me deparará el futuro, confío en que encontraré la felicidad y el amor que merezco. Estoy decidida a no quedarme atrapada en el pasado y a abrirme a nuevas experiencias. Estoy lista para volar como la mariposa más hermosa, dejando atrás mi antiguo capullo y abrazando la belleza de mi propia transformación.

Les debo confesar que he hablado con él. Tengo tantas dudas rondando por mi cabeza, siento que lo que pasó entre los dos es como una coma y no un punto final, digamos que esta historia tiene un punto suspensivo.

Mira, hay quienes dicen que nunca estarás mucho tiempo en la oscuridad, pero tampoco estarás mucho tiempo en la luz. Si estuvieras mucho tiempo en la luz, la vida ya no tendría sentido, no tendría un propósito y no habría nada más que aprender, porque ya lo aprendiste todo. Debemos conocer la oscuridad para conocer la luz, debemos caernos muchas veces para conocer nuestra fortaleza interior, debemos morir para renacer.

Las caídas nos preparan y nos fortalecen para las que vengan en un futuro. Piénsalo de esta manera, te has caído, tocaste fondo y pasó un tiempo para que volvieras a levantarte; luego te caerás de nuevo, pero ya sabes que, si pudiste levantarte una vez en el pasado, podrás levantarte nuevamente.

Las estrellas necesitan de la oscuridad para brillar y mientras más oscuro esté el cielo, más brillantes se verán las estrellas en él. Todas las vivencias difíciles y duras tendrán siempre un aprendizaje, así ha sido siempre y así lo seguirá siendo. No existen los errores, existen las lecciones, como también las malas decisiones. Y esto qué pasó entre él y yo fue una mala decisión que me llevó a cometer muchos errores y locuras.

De hecho, me acuerdo el día en el que dejé caer los muros de protección que había construido alrededor de mi corazón durante 5 años; me pregunté a mí misma: "¿Será que esta es la vida que me tocó? ¿Ser la amante de un hombre casado?". Sorpresa, no se los había dicho, pero sí, estuve con un hombre casado. Él tenía la piel morena, era un poco más alto que yo, nariz grande, ojos café, pelo café y un tatuaje de serpiente en el antebrazo derecho, junto con otro que tenía en la espalda de palmera y uno en la pantorrilla derecha estilo Mauri. No era guapo, para nada, pero fue su personalidad la que me enamoró y a tal punto de no ver que estaba con un Shrek. Él me insistía en que yo me dejase llevar, pero yo intentaba controlar mis emociones, hasta ese día que me hice esa pregunta y pensé que esa era la vida que me había tocado, cuando no era así. *Fue una decisión* y fui yo quien decidió tener, durante varios meses, una vida de mierda, no fue ni Dios, ni el universo, nadie. Fui yo, porque tuve el momento para decidir si darle o no al diablo la herramienta correcta para derrumbar el muro de protección y finalmente se la terminé dando. Es por todo esto que estoy decidida a utilizar esta experiencia para reconstruirme y salir más fuerte y más sabia.

Te haré dos preguntas: ¿Es necesario tocar fondo para saber apreciar la vida? ¿Es necesario pasar por la oscuridad para comenzar a valorar la luz? Las dejaré rondando en tu mente, querido lector.

¿Se han puesto a pensar en la cantidad de personas qué hay en este mundo? Pero nos cegamos solo con una; sí, a una. Sin embargo, creo que, en este caso, él me ha metido en la cabeza que nadie más me amará como él lo hizo.

Es cierto, a veces nos cerramos y nos aferramos a una sola persona, creyendo que nadie más podrá amarnos de la misma manera. Pero, a su vez, he empezado a darme cuenta de que estoy limitando mi perspectiva y mi capacidad de amar y ser amada. Es normal que, después de una ruptura, nos aferremos a los recuerdos y las emociones intensas que vivimos con esa persona. Es difícil imaginar que alguien más pueda provocar en mí esa misma conexión y esa pasión que, en mi caso, yo sentía con él.

A pasar de que me cierre a ser amada por otra persona; ya que constantemente me invaden los pensamientos de que nadie me amará como él, poco a poco, y a medida que vayan leyendo este libro, se darán cuenta de lo poco y nada que él me entrega, como me trata hasta el día de hoy, pero, por sobre todo, es porque yo lo dejo.

Me doy cuenta de todo esto y no hago nada para soltarlo, decir finalmente *"hasta aquí"*. Digamos que escribiendo este libro (o eso espero), me ayude a tomar acción y ver con mis propios ojos la clase de persona de la que me he enamorado y, tal vez, solo así entienda que no es para mí. Sé que hay mujeres que han estado en este tipo de relaciones por años, espero ser una de las que logre salir antes.

Has escuchado hablar de "la mujer golpeada"; la verdad es que en este tipo de relaciones tóxicas no siempre las mujeres son agredidas solo de manera física por el hombre, sino también verbalmente, y en mi caso estoy siendo agredida psicológicamente, pero no sé cómo salir de todo esto; ya no sé lo que está bien, ni lo que está mal. Las parejas juegan, y lo entiendo, pero, ¿es normal jugar a pegarse bofetadas en la cara, y si le digo que me duele, me responda que soy una exagerada y me vuelva a pegar? Siento que antes de conocerlo sabía que era lo que estaba bien y lo que estaba mal, lo que era normal y lo que no, pero ya no. ¿Me lavaron el cerebro? ¿Estoy loca?

Dicen que es muy diferente cuando traspasas tus pensamientos a un papel. Los pensamientos no se ven, es por esto que he decidido traspasar toda esta historia, mi visión de lo que es la vida y mis errores a un libro, para yo misma poder sacarme la venda; que sé que tengo, en los ojos y, finalmente, tomar la decisión de soltarlo.

Sé que hay algo dentro de mí que me dice que esto no está bien, que él no es normal, que esto no es normal, pero la forma en como luego me dice las cosas, me termina convenciendo de que me ama y que todo esto es normal.

A veces, siento que me enamoré de alguien que no era quien yo creía, tal vez lo idealicé y no me di cuenta, o tal vez no y me estafó por tres meses fingiendo ser alguien que no era. Pero ahora (mes 5), hablar con él es como hablar con un desconocido. *No sé quién es*. Es como si existieran dos personas en una misma, sus palabras demuestran una cosa, pero sus acciones otra.

Sus palabras muestran ser alguien que quiere lo mejor para mí y que me ama, esa persona que decide alejarse, dejarme ir y ser indiferente para darme la oportunidad de conocer a más gente y encontrar a alguien que sí pueda darme lo que él no puede, ¡¿qué tonto suena, no?! Ahora que lo escribo es que me doy cuenta, pero sus acciones muestran ser alguien egoísta que solo piensa en él.

Si realmente me quisiera de verdad, me soltaría, pero de verdad y se alegraría viéndome salir a bailar o salir con más personas, sin pensar que es para hacerle un daño a él, sino más bien para poder salir adelante y de una vez superarlo.

Yo adoro bailar, cantar y salir sola, con él dejé todo de lado, él se convirtió en mi mundo y todo lo que era importante para mí ya no lo era más.

Estos cinco meses han sido la montaña rusa más caótica de toda mi vida, paso de estar triste a estar feliz en un minuto, dependiendo de cómo él se comporte conmigo, pero en el fondo sé que mi felicidad no debería depender de nadie más que de mi misma, y en estos momentos mi felicidad depende de él.

Cuando lo conocí era una mujer empoderada, confiada de mi misma, segura, iba como viento en popa hacia mis metas y me desvié; tal vez fue una prueba del universo para ver si el proceso que había hecho todo el 2022 con mi antigua psicóloga había dado frutos, o solo era algo que yo quería creer.

Él y yo venimos de dos clases sociales muy distintas, diferencia de edad de 9 años y de diferentes países también, pero, peor aún, lo conocí estando casado y con hijos.

El día que renuncié al yate en el que habíamos estado trabajando juntos y que él ya no estaba, me pidió un tiempo; y unos días antes de que esto pasara a mí me habían dado dos ataques de ansiedad a bordo, cosa que no me pasaba hace años.

Por lo general, siempre me las había arreglado sola, no pedía ayuda. Metía la cabeza en el lavamanos lleno de agua fría o me metía a la ducha, pero en este caso él ya me había ayudado una vez estando a bordo, así que decidí llamarlo para que me ayudase a calmarme, aunque fuese por teléfono. No contestó ninguno de mis mensajes, ni mucho menos mis llamadas, siempre me hacía esto cuando yo le intentaba poner límites y hacerle ver sus errores, era como su forma de castigarme, yo sentía una mezcla de ansiedad y angustia que no sé cómo explicarles, me sentía sola sin saber qué hacer y lo único que recibí de él fue, nuevamente, indiferencia. Siempre le expliqué mi situación y que estas cosas que me pasan son reales, que no son actuadas, pero él me decía que yo podía controlarlo y que exageraba mucho, como si yo fuese una molestia para él.

Ser azafata en yates y trabajar con gente millonaria no es lo que siempre quise hacer, tiene sus pros y sus contra, como cualquier trabajo. Se viaja mucho, puedes ahorrar, pero siempre me pregunto: "¿A costa de qué? ¿Qué hay de mi salud mental y emocional?".

Cuando limpiaba el WC miré por la ventana, me adentré en mis recuerdos, lloré un poco y seguí limpiando. Y es que, bueno, ¿qué más puedo hacer? ¿Echarme a llorar todo el día? No puedo darme ese lujo, ya no vivo con mis papás y debo pagar mis propios gastos ahora.

De vuelta a la soltería

¿¿celebramos??

Si te ha pasado algo parecido, cuéntame tu anécdota y riámonos juntos.

✓ ....

✓ ....

✓ ....

✓ ....

✓ ....

✓ ....

✓ ....

✓ ....

✓ ....

Después de ocho días sin haber hablado con "El niño" caí en la tentación y le escribí yo. Comenzó a publicar unas indirectas en su estado de Whatsapp, eran como provocaciones para que así yo reaccionara, me confunde. Como se los mencionaba antes, a veces no sé si es la persona que se alejó de mí y me dejó ir para yo poder ser feliz o esa persona egoísta que demuestra ser a través de sus actos.

Cabe recalcar que, si tienen un problema y quieren sanar, vayan donde un profesional. Yo estoy aquí como un claro ejemplo de lo que no se debe permitir en la vida, ni en una relación, pero, por sobre todo, mostrarles un proceso personal de lo que es y va a ser soltar para, finalmente, *sanar*.

Hay quienes dicen que si nos tomamos la vida en broma viviríamos más tranquilos que las personas que se toman la vida muy en serio, y comienzo a creer que es verdad, al final nuestro cuerpo, dinero y todo lo que consigamos a nivel material quedará en la tierra, pero los aprendizajes a nivel emocional nos lo llevaremos en el alma; no obstante, ese ya es otro tema que me fascina y que tiene relación al *desprender*, la separación física entre el cuerpo y el alma, tema que en realidad no voy a tocar en este libro.

Hablemos de la espontaneidad, ¿si tuvieras que elegir subirte a un avión y recorrer todo el mundo mañana, lo harías? La respuesta, me imagino, sería sí, pero, el famoso "pero", "pero es que mis hijos, pero es que mi trabajo, pero es que no hay plata", etc. Y si te dijese que no existe un mañana, ¿qué harías? Te has puesto a pensar en que todos esos "peros" provienen de tus mismas creencias limitantes. Tu mente cree que es más seguro quedarse en su zona de confort, en donde siempre ha estado y donde cree tenerlo todo, pero la verdad es que no.

Es verdad, ¿quién no le tiene miedo a los cambios? *Todos*, pero no todos los cambios son para mal, si no saltas y no arriesgas, no sabrás si puedes tocar el cielo o hasta las estrellas, teniendo en cuenta, por otro lado, que, si tocas el cielo, podrías estrellarte al caer.

Como una inversión, siempre cabe la posibilidad de que pierdas algo, siempre hay un porcentaje de riesgo, pero si no arriesgas, no sabrás si pudiste haber ganado más o no. Debes intentarlo para saber, ¿no?

Capítulo dos

Los límites

¿Por qué nos cuesta tanto poner límites? Como cuando nos encontramos en una situación en donde alguien, ya sea un jefe, marido, novio, amigo o amiga, familiar; quien sea, nos está pasando a llevar o faltando el respeto, y decidimos no poner límites, la otra persona se siente con el poder y el derecho de hacer siempre lo mismo, ya sea gritarte, ignorarte, no hablarte, pisotearte o hasta agredirte físicamente.

Si nunca pusimos un límite, ¿cómo es que la persona va a parar, si ya se acostumbró? No, no se acostumbró, querido lector, nosotros los malacostumbramos y ahora nos ven como débiles.

Los límites deberían ponerse en la mesa desde un principio. Si la otra persona ya sabe cuál es tu límite y lo sobrepasa, ¿te quedarás cerca de esa persona y soportarás que te pase a llevar una y otra vez? No deberías; depende de cuánto amor te tengas a ti mismo.

Te preguntarás que quién soy yo para juzgar, bueno... aquí voy. En mi caso, yo me he dejado pisotear, una y otra vez, hasta el cansancio y aquí sigo, remando y remando contra la corriente. Aún no he llegado a perderme ni hundirme por completo y creo que, en el fondo, estoy esperando a que eso pase para decir "basta", y qué lástima saber que eso puede pasar y que no hago nada al respecto.

Amiga

Date

Cuenta

Últimamente he comenzado a sentirme traicionada, pero por mí misma. Ha sido como estar traicionando a esta niña interior mía, esta loquilla de 5 años a quien, se supone, que debo cuidar y proteger y que lo único que yo estoy permitiendo es que le falten el respeto y la maltraten psicológicamente. Lamentablemente eso es lo que él hace y lo que él conoce, pero, peor aún, él sabe lo que hace y disfruta verme sufrir.

Cuando él renunció a su trabajo; en donde vivíamos juntos, yo decidí imprimir una foto mía de niña y pegarla en el espejo de mi baño. Cada vez que la veía me sentía culpable, porque en el fondo sabía que al dejar que él me tratase así, estaba dejando que maltratara a mi niña interior. Lloraba y le pedía perdón a esa foto cada que él me hacía sentir mal.

La historia que conozco de su vida, comienza cuando él tenía 5 años. Su papá lo abandonó; a él y a su mamá, cuando era niño. De hecho, se repite la misma historia, tal vez sea un patrón familiar o algo similar, pero el papá de "El Niño", engañó a su mamá con otra mujer y los abandonó a los dos junto con sus otras hermanas. Creo que su forma de actuar representa esa herida de abandono y rechazo. He intentado, de todas las formas posibles, ayudarlo; hasta ofrecí pagarle un psicólogo, pero no, no quiere nada de esas cosas y yo ya no puedo hacer más.

¿Por qué dejamos que pasen a llevar a nuestra niña interior? Hazte todas estas preguntas, déjala rondando en tu cabeza por unos minutos y escribe qué es lo que piensas al respecto.

✓ ....

✓ ....

✓ ....

✓ ....

✓ ....

✓ ....

✓ ....

✓ ....

✓ ....

El ser humano tiene un concepto erróneo de lo que llamamos tiempo, pues estamos constantemente creyendo que el tiempo se nos está acabando, y yo soy un claro ejemplo de eso. Hay tipos de personas quienes viven como si no hubiese un mañana, otras que viven como si tuvieran todo el tiempo del mundo para hacer las cosas y unas que viven corriendo una maratón, a la cual llaman vida, y piensan que deben llegar a la meta *ya*.

¿No les ha pasado que sienten presión por los 30? A mí me pasa así, aunque no quiera tener hijos, pero si me gustaría llegar a tener mi libertad financiera antes de los 30, ¿por qué? Todavía me lo pregunto... ¿O seré yo la que me presiono a mí misma? Al parecer sí, siempre he sido muy autoexigente conmigo. ¿De dónde salió esa idea tan errada y ambigua de que a los 30 ya debías estar casado, con hijos, con un trabajo estable y una casa? Como si debiésemos tener la vida resuelta para esa edad, cuando no es así. La vida nunca va a estar resuelta, por algo es una *montaña rusa*. Tiene un propósito, tenemos un propósito y si ya la tuviéramos resuelta, estaríamos en el otro plano riéndonos con un helado en la mano, sin preocuparnos de si subimos de peso o no.

No existe un límite de tiempo que nos diga cuándo y dónde debemos estar o debemos concretar nuestras metas o sueños. Está en ti, cada uno va a su propio ritmo y nadie te está apurando más que tú mismo. Y eso es exactamente lo que me debo repetir a mí misma constantemente para no ir corriendo, para ir en calma y, como dice mi papá: "Vive un día a la vez, paso a paso, nadie te apura". Vuela alto y ponte tu traje de astronauta, porque el cielo no es el límite y hay un universo entero por descubrir.

Tal vez se habrán dado cuenta, me imagino que sí, pero me fascina analizar el comportamiento de las personas, el lenguaje no verbal, cómo se comunican entre ellos, sin escuchar lo que dicen, solo prestando atención al lenguaje corporal. ¿Será que esa persona ama de la misma manera a la otra? ¿Cómo un jefe trata a su empleado? Y así.

Y con "El Niño" ha sido así, lo analicé desde un principio, intento comprender el porqué de sus actos, su forma de reaccionar y de ser, su forma de sentarse, o porqué cuando estuvimos en Sint Maarten y estuvo ebrio salió corriendo del club de la nada. Yo me sentía mal y me preocupé por él, así que lo fui a buscar y salí corriendo detrás de él; él miraba hacia atrás, sabía que estaba sin zapatos corriendo por la calle detrás de él, y, aun así, corría más rápido. Dicen que cuando las personas están ebrias dicen la verdad, pero yo opino que no es solo eso, sino que muestran ser quienes realmente son.

Yo siempre he tenido ese instinto salvador, pero es verdad cuando dicen que no podemos salvar a quien no quiere ser salvado, ni mucho menos ser la terapeuta de nuestra pareja cuando ni uno mismo ha sanado.

Cuando él me pidió un tiempo, lo que yo debí haber hecho es, una vez escuchando esas palabras: "Quiero un tiempo", no se lo doy, solo termino la relación. Nadie que quiere estar contigo de verdad te pide un tiempo, alguien que lo hace es porque tiene dudas o ya está con alguien más, pero este caso era algo distinto, me tenía en una triangulación con su esposa. La técnica de la triangulación en los narcisistas es un proceso que involucra a tres actores clave: el manipulador, el colaborador y la víctima. El manipulador utiliza diversas tácticas, como la comparación y la difamación, con el propósito de menospreciar a su víctima.

¿Qué harían si su pareja les pide un tiempo?

✓ ....

✓ ....

✓ ....

✓ ....

✓ ....

✓ ....

✓ ....

✓ ....

✓ ....

"El Niño" me había pedido un tiempo en mayo, a un mes de haber renunciado al trabajo en donde estábamos juntos, me dijo que dependería de mí si yo quería estar con él o no para cuando él volviese, fue como un: "Quiero un tiempo para sanar, pero seguimos juntos". ¡¿Qué es eso?!, ¿sanar qué? ¿Esa herida de la que les hablo? ¿Perdonarse a él mismo por lo que hizo? ¿O volver con ella? Me lo pregunto todos los días.

Un día antes de que me pidiera un tiempo

Estaba feliz, yo sentía que todo iba bien con él, nos habíamos llamado, yo estaba trabajando en Bahamas en el bote donde lo conocí y de la nada, al día siguiente, me mandó la bomba.

Sé que allá afuera hay muchas mujeres que han sido amantes de hombres casados, ya sea por semanas, meses o años; pero, como les dije desde un principio, este hombre no era un hombre cualquiera.

El día que me pidió el tiempo, parecía feliz, pero estaba muriendo por dentro.

Lo que yo quería era que él se diese cuenta de que, con o sin él, yo podía ser feliz.

Les diré algo, yo no estudié ninguna carrera universitaria, si hice un semestre, pero la vida universitaria nunca fue para mí. Hay una cosa que siempre me pasa, y es que cada vez que hago algo que no me hace feliz a mí, termino sintiéndome como un pájaro sin alas y enjaulado. Sé que hay muchas personas que, al igual que yo, no encajan en este tipo de sistemas, *somos revolucionarios*. Son personas libres, que les gusta fluir, ir a su ritmo y hacer lo que les gusta. Yo pasé tanto tiempo intentando complacer al resto que me perdí a mí y perdí mi esencia, por lo menos unos años lo sentí así, y todo esto antes de la pandemia, que fue donde todo empeoró.

Donde yo vivo, y me imagino que en muchos lugares es así también, es una ciudad muy pequeña y muy superficial. Por lo general se habla mucho del cuerpo físico. Que si estoy flaca, estoy anoréxica; que si estoy gorda, debo dejar de comer. Tantas cosas, tantos comentarios y presiones de cómo uno debería verse. ¿En qué clase de mundo vivimos?

Cada vez que llego a Chile de vacaciones los primeros comentarios son, si es que bajé de peso: "Estás muy flaca", ¿estás comiendo?", "pareces modelo", "que linda estás", y si no bajé de peso y subí no dicen nada, o mis más cercanos me dicen que deje de comer, que después me voy a arrepentir.

Recuerdo que a mis 16 yo estaba muy gordita y mi tía me dijo que hundiera la panza porque parecía embarazada. En mi adolescencia nunca usé bikini, recién hace 2 años que me atreví a hacerlo, porque ya me sentía cómoda con mi cuerpo y no me afectaba lo que los demás me dijeran.

La gente se ha acostumbrado a responder diciendo: "bien", pero no, no siempre está todo bien. Qué pasaría si respondiéramos diciendo: "No estoy bien", ¿cambia la cosa verdad? Se acostumbraron a escuchar lo mismo siempre, que cuando alguien les dice: "no estoy bien", quedan en shock.

Hablemos de las ovejas negras

Hay personas que siguen sus instintos, que van contra la corriente, y a este tipo de personas que no siguen las reglas, o no pueden adaptarse a lo que la sociedad les impone o espera de ellas, les llaman *"ovejas negras"*, yo soy una de ellas. Mucho gusto, me llamo Josefina, pero también conocida como: Loquilla, Dory, Jo, Monito, Loqui, Princesa Fiona, Ángel, Jose, Pepi, Enana, Monita, Josie y Princess.

El gobierno te educa, pero te educa a su manera, el gobierno no te quiere consciente, ni mucho menos culto o inteligente, te quiere sumiso y tonto. Si eres parte del clan de las ovejas negras, no te rindas, vinimos a revolucionar el mundo, a hacer cosas grandes y a poner en duda *todo*. Para la sociedad, ser la oveja negra de la familia o de alguna institución es algo malo, porque no acatamos las órdenes o no somos como ellos quieren que seamos.

Miren, hablando con mi terapeuta me decía que en la edad media si un esclavo se rebelaba contra su amo, era ejecutado. En otras palabras, así es como nos pasa a las ovejas negras, nos crucifican por no hacer lo que la sociedad quiere que hagamos. Algo que, la verdad, pocos tienen es la valentía de decir lo que realmente quieren hacer o piensan.

A mis 20 años dejé mi casa para irme de mochilera por Ecuador, sola en plena pandemia. Decidí no terminar la universidad. Recuerdo estar en el aeropuerto de Santiago, mi guitarra, mi mochila y yo. Algo se había roto dentro de mí o algo sentía que dejaba atrás, porque yo no paraba de llorar y era como si hubiese ido a un funeral. No habían pasado ni dos horas y yo ya extrañaba a mi mamá; era una mezcla de miedo, tristeza, nostalgia y emoción. Una sensación que nunca antes había sentido, pero que en el fondo sabía que la Jose que estaba en ese aeropuerto no volvería a ser la misma que volvería un año después, más segura, más confiada de sus capacidades, con ganas de comerse el mundo, más fuerte que nunca; pero, lo mejor de todo, orgullosa por haber logrado una meta más en su vida.

Ese viaje a Ecuador fue, por lejos, una de las mejores experiencias que he vivido en mi vida. Cambió mi mundo, mi mente y si tuviera que hacerlo de nuevo, lo haría. Nadie quería que me fuera, menos yo, una mujer sola y en plena pandemia. A veces me dejaba llevar por comentarios de mi propia familia y dudaba de si irme o no, hasta dudé de mis propias capacidades. Llevo viajando sola por tres años y han sido una *locura*.

Me vi obligada a hacerme fuerte, a golpes y a caídas. La verdad es que estoy agradecida por todos los tropiezos que tuve a lo largo de estos tres años. De no haberme caído tantas veces no sería la mujer fuerte y con garra que soy hoy en día.

El año 2021 fue uno de los años más difíciles que me ha tocado vivir junto con el 2020.

Nuevo país, nueva cultura, casi no tenía dinero para vivir; al punto de tener mi cuenta en 0, no tenía visa de trabajo, mi inglés no era fluido y, para variar, estaba súper gordita, por lo cual había muchas críticas, *bullying* alrededor mío y la industria en la que yo estaba comenzando a trabajar era, y sigue siendo, muy superficial, pero ya les hablaré de eso en otro capítulo.

Yo tiñéndome el pelo por primera vez sola en 2022

Los límites, volvamos a los famosos límites, ahora yo entiendo que no siempre le vamos a caer bien a todo el mundo, me imagino que, mínimo, a 10 de ustedes que están leyendo este libro les caí mal por a, b, c motivos y hace unos años atrás me hubiese importado, pero déjenme decirles algo, ahora *ya no me importa* y se siente bien. Y a ti tampoco debería importarte.

Ese mismo año 2021, yo hacía de todo para encajar y caerle bien a las personas, era algo que yo hacía y llevaba haciendo desde mi adolescencia, dejé que me pisotearan, me molestaran y nunca puse límites. ¿Por qué? Porque quería sentirme aceptada, al ver que algunas personas y malos comentarios sí me afectaban, yo no me sentía bien conmigo misma, pero eso no debería ser así, nuestro valor como persona no debería estar en manos ajenas. Nosotros debemos reconocer y saber quiénes somos y *cuánto valemos*. Así como tengo tatuado en uno de mis dedos: "Vales mucho", pero qué irónico, a veces se me olvida ver ese tatuaje, y me lo tatué con la intención de nunca olvidar lo que valgo, lo sé.

No se trata
de ser
feminista,
se trata de
hacernos
respetar

Capítulo tres

Deja de aparentar

Hay un refrán que dice: "Vivir de las apariencias te hace esclavo del resto", y eso es muy cierto.

Cuando la vida que quieres mostrar no es la que realmente estás viviendo se transforma en una vida miserable y tu felicidad dependerá de la aprobación del resto. El famoso que dirán, y para qué hablar del ego...

Últimamente me he puesto a pensar mucho en que siempre estoy para él, disponible y, peor aún, sabiendo cómo me trata y él pensando que hace las cosas bien. No me amo, pero estoy luchando de alguna u otra forma para salir de esto. No es fácil, pero sé que lo lograré.

Cuando vivíamos a bordo y yo era su amante, él usaba unos audífonos que estaban malos, así que decidí comprarle unos inalámbricos JBL, le compré una camisa, porque siempre decía que no tenía ropa para salir, iba a pagarle un *personal trainer* de regalo de cumpleaños, porque él quería ponerse en forma y no se estaba sintiendo bien con su cuerpo, pero no me aceptó el *personal trainer*, su ego y orgullo eran más grandes que las ganas de recibir ayuda.

Luego él, estando Costa Rica y yo en Estados Unidos, le dio psoriasis en las manos por estrés y le compré una crema para que pudiera usarla cuando nos viéramos, así sanar su psoriasis y que pudiera volver a trabajar tranquilo. Recuerdo que cada vez que yo le tocaba el tema y le preguntaba cuando iba a venir a Estados Unidos, yo me terminaba sintiendo culpable, porque me mandaba una foto de sus manos y me decía que hablar de eso le provocaba estrés y que porque yo no lo entendía. Hablábamos solo de lo que a él le interesaba, pero evitaba a toda costa hablar de ese tema y podía ignorarme por horas, hasta días. No contestaba mis llamadas en ese período de tiempo y cuando me llamaba, me llamaba solo para saber con quién estaba, o hablar de algo que a él le convenía. Luego, cuando ya obtenía lo que quería, inventaba alguna excusa para colgarme nuevamente.

Le regalé un pasaje a Estados Unidos el día de su cumpleaños que no usó y ese pasaje se perdió, le había traído del barco sus chocolates favoritos, sus dulces favoritos esos que tanto le gustaban y que cuando trabajaba afuera, al sol, yo iba con un puñado de dulces y se los metía en el bolsillo; le guardé cosas de higiene personal al irme de ese barco para que no gastara dinero y así él pudiera usarlas, le escribí canciones, cartas de amor, le compré una minitabla de surf de madera con su nombre en Saint Thomas, tantas cosas que hice que perdí la cuenta.

De hecho, el niño siempre me insistió para que yo fuese a Costa Rica, en reiteradas ocasiones me decía que fuese y el mismo día que él me había pedido un tiempo y que yo me había ido de mi trabajo, cumplíamos cuatro meses juntos. Al llegar a Estados Unidos me compré un pasaje para ir a verlo, esto fue un 24 de mayo. Había ido a mi bodega, di vueltas como loca por Fort Lauderdale, todo con tal de llegar a tiempo al aeropuerto e ir a verlo. Le mandé fotos mías estando en la puerta de embarque, con mi mochila y él sin responderme. Se me cruzaron tantos pensamientos por la cabeza, yo en el fondo sabía que estaba con su esposa, que habían vuelto, que me estaba mintiendo, pero quería creer que no era verdad. Él había leído mis mensajes y no me respondió, ¿me debería sorprender? No, no debería, pero sí me sorprendió en su momento y qué ingenua fui. Al no obtener una respuesta de él, llamé a mi papá por teléfono. ¿Cuál ha sido la mayor locura que has hecho por amor?, yo diría que esta, jamás me imaginé a mí en una situación como esta, me transformé en otra persona, la cual creía que sin él, no podría vivir.

Mi papá no podía creerlo, él no podía entender cómo yo iba a estar yéndome a Costa Rica detrás de él, porque sabía que yo no era así, pero también sabía cómo era él, y me dijo: "José, ¿qué estás haciendo? Tú no eres así, están jugando contigo, tú eres inteligente, ¡date cuenta!", me dijo una verdad que me dolió, que en el fondo la sabía, pero que no quería ver. Sin embargo, fue esta misma la que me dio fuerzas para salir de la puerta de embarque y no ir. Echa un río de lágrimas, me saqué la pulsera que siempre llevaba conmigo y que él me había regalado, la tiré a la calle ya estando en el Uber, pero mi dolor no logró irse junto a ella.

Una semana después me volvió a hablar y luego me llamó, me dijo que él no había leído los mensajes y que él no sabía que yo iba, que solo había abierto el chat, pero tú y yo sabemos que no es así, que sí los leyó, pero se hizo el tonto, como siempre.

Hoy día hablé con un amigo a quien no he visto en años y a quien yo le dije hace unos años lo mismo que él me dice a mí, y que yo me diría a mí ahora: "*Date cuenta*". En su momento yo cumplí el papel de la amiga que intentaba abrirle los ojos, pero él estaba perdidamente enamorado y no quería ver la realidad. Porque la verdad es que nos cegamos y nos mentimos a nosotros mismos, *queremos creer*... Créeme que lo sé, todos los días me pregunto cuándo será que tomaré la decisión definitiva de decir: "Hasta acá llegué, *bye*, adiós, chao, hasta nunca", pero, ¿es necesario que toque fondo para tomar esa decisión? ¿Seré masoquista como dice mi terapeuta? Al parecer sí.

Siendo muy honesta, porque como ya podrás ver, no tengo ni filtro ni tampoco pelos en la boca. Ese basta y adiós lo he dicho ya dos veces y siempre vuelvo a donde mismo, es como un imán, me alejo, me alejo y cuando siento que lo estoy perdiendo para siempre, luego ¡boom! Vuelvo al mismo lugar del cual me había ido tan segura y tan decidida, sin querer mirar hacia atrás. He intentado mantener el contacto cero con él por dos semanas, cuatro días, pero siempre vuelvo. ¿Será que me falta fuerza de voluntad para no romper el contacto cero? Al parecer sí. Pero, ¿saben algo? He leído que si entrenas a tu mente para hacer algo todos los días, es decir, ahora que yo estoy escribiendo todos los días, y no es que me obligue a hacerlo porque lo disfruto, pero se supone que siendo constante en lo mismo por un período de tiempo, un hemisferio de tu cerebro se vuelve a activar y la fuerza de voluntad, que estaba dormida, despierta para tomar este tipo de decisiones que son tan difíciles.

Es como estar a dieta. Veámoslo de esta manera, a mí que me encantan los dulces y el azúcar, "El Niño" es como mi torta favorita, la torta prohibida; si me la ponen enfrente, se supone que no puedo comérmela porque estoy a dieta, pero es tan exquisita, es deliciosa y mi mayor tentación del día. Si esa torta vive estando en el refrigerador todos los días, más difícil va a ser para mí no comérmela, por eso dicen que el contacto cero con tu ex es lo mejor hasta que no hayas sanado completamente, lo mejor es no hablar con él por un tiempo y tampoco ser amigos, porque eso es lo que quiere él, que quedemos como amigos.

(Momento en el que hago el descubrimiento, junio 2024. Luego de estar constantemente analizando su conducta, las situaciones y las acciones de él hacia mí, descubrí y confirmé con una psicóloga especialista en víctimas de abuso narcisista, que me había enamorado de un hombre con trastorno de la personalidad narcisista).

Hoy hice un descubrimiento que puede que tú lo hayas hecho antes que yo. Y sí, me había enamorado de un narcisista. Me he ido dando cuenta, analizando sus acciones, ya que sus palabras no son de una persona narcisista, sino más bien del personaje que él se crea; ese con el cual podría estar ganando millones en Hollywood, porque por esa actuación yo le daba un Oscar. Con este personaje él atrapa a sus víctimas, las engancha los tres primeros meses, pero ya después de los tres meses muestra ser quien realmente siempre fue.

Los narcisistas son las personas más inseguras que pueden existir, porque detrás de esa máscara cubierta de ego y arrogancia tan grande está esa persona que debe ser aprobada por el resto para sentirse bien con ellos mismos y, a veces, deben pisotear a otros para que su ego se eleve, dejando a los demás por el suelo. Este tipo de personas se alimentan de tu luz, solo ellos deben brillar, tú no.

Vamos a retroceder unos cuantos años atrás y nos vamos a ir a la época en la que yo estaba en el colegio y tenía obesidad. ¿A quién no lo han molestado por ser gordito? Bueno, a mí me pasó y más de una vez, aunque de igual forma no puedo quejarme, yo también hice muchas maldades en mi adolescencia y si de algo no me arrepiento es de haberlas hecho, ya que aprendí y, como ya les había dicho, de no ser por esas situaciones que vivimos en el pasado no seríamos quienes somos hoy en día. A pesar de las cosas malas que hice y me hicieron, mi corazón no cambió nunca y jamás le he querido hacer daño a alguien solo porque a mí me lo han hecho en el pasado. Como ustedes ya sabrán, existen personas que se desquitan con otras, ya que como los hirieron anteriormente, piensan que es correcto lastimar a alguien que es inocente para sentirse mejor.

Existen personas cuyos corazones han sido malheridos y se creen con el derecho de ir rompiendo los corazones de los demás. Hay personas que sufrieron mucho en su infancia o adolescencia y es por esa razón que hacen lo que hacen, como "El Niño".

No podemos justificar el mal comportamiento del otro, pero sí ver cómo reaccionar ante él y no dejar que nos afecte más. Tú y yo fuimos criados de manera diferente y hemos pasado por situaciones distintas también, esas cosas que nos pasan en la vida nos forman y nos hace quienes somos hoy en día. Soy fiel creyente de que todo tiene un porqué de ser y todos somos de cierta forma por situaciones o personas. Huellas que nos dejan en el corazón y que son tan difíciles de borrar con el tiempo, nos cortan, sangramos y queda una cicatriz tatuada con la cual debemos aprender a vivir.

Aprendemos a vivir con el dolor y el recuerdo quedará ahí, inmóvil. A medida que pasa el tiempo esos recuerdos ya no nos harán sentir dolor, sino más bien ya no sentiremos *nada*. Hay veces que las situaciones son tan traumatizantes que tu cerebro borrará esos recuerdos o memorias del pasado para evitar un sufrimiento en tu presente, pero más adelante entraré en profundidad sobre este tema. De que es difícil aprender a vivir con el dolor mientras sanamos, lo es, pero imposible nunca.

Hoy día hablé con mi mamá por teléfono y le conté que volví a hablar con "El Niño". Después de ocho días de haber estado en contacto cero, yo tomé la decisión de contactarlo. Ya perdí la cuenta de cuántas veces son las que he vuelto... ¡Qué frustrante! Aun sabiendo que me enamoré de un hombre narcisista, vuelvo. Se siente como una adicción en donde él es mi droga y desintoxicarse es desesperante.

Hace dos semanas cuando lo bloqueé y él me bloqueó, y ese: "ya no más" vivía en mí, dejó de existir hoy. No fui lo suficientemente fuerte como para mantenerlo bloqueado, tuve otra recaída, aun sabiendo que es un narcisista. En mí algo quería que él volviera, que regresara, así que lo desbloqueé.

Como ya se habrán dado cuenta, mi familia y mis amigos no lo quieren en lo absoluto y, obviamente, mis más cercanos quieren verme feliz, y el hecho de estar con una persona que lo único que hace es hacerme sufrir, que no sabe amar; y nunca lo hará, les da impotencia y tristeza, pero aún más, porque *yo lo permito*.

"

ES SIMPLE
SI NO TE
RESPETA, NO TE
AMA
El que te la
hace una vez, te
la vuelve a
hacer

"

Capítulo cuatro

Donde todo comenzó

No me había dado cuenta de que autosaboteaba mis relaciones hasta hace un mes antes de conocer a "El Niño", se preguntarán por qué. Lo que hacía básicamente era alejar a la persona de mi interés por miedo a enamorarme. Luego de haber entendido que autosaboteaba mis "relaciones" conseguí un trabajo en Estados Unidos con rumbo al Caribe; fue en donde lo conocí.

Él era el primer oficial y mi puesto era de azafata. En un principio nunca se me cruzó por la cabeza que todo esto iba a pasar, ni mucho menos que él me iba a terminar gustando, porque no era el tipo de hombre con el cual yo salía, ni mucho menos pensé cuán lejos íbamos a llegar con todo esto, pero pasó.

Él es un hombre casado y tiene dos hijos, la primera hija la tuvo a sus 20 años con la primera novia que tuvo, de la cual; hasta donde él me contó, él no estaba enamorado de ella, así que se separó. Luego, estando en la universidad fue que conoció a su mujer, con quien tuvo el segundo hijo. Él nunca se casó por la iglesia o hizo alguna ceremonia con familiares, fue una promesa, un compromiso entre él y ella. ¡Y qué irónico! Porque más adelante nosotros haríamos lo mismo, un matrimonio, una promesa entre él y yo, pero que no duraría más de tres semanas.

Estando en St. Thomas, antes de irnos a St. Maarten, el chef, él y yo decidimos salir. Nuestros planes no eran de ir a un bar, pero a "El Niño" se le ocurrió la idea de ir y pidió un taxi para irnos a otro bar un poco más lejos de donde nos encontrábamos. Ya estando en el taxi íbamos cantando reggaetón, recuerdo estaban poniendo "Mala conducta", yo lo miraba, seguía cantando y él también, sentía mucha adrenalina, en el ambiente se podía sentir una tensión sexual entre los dos.

De camino a las Islas Vírgenes

"El Niño" durmiendo en el sofá.

Llegamos a ese bar y me pedí algo para tomar, cosa que nunca hacía. Yo, para acercarme a un hombre, nunca necesité alcohol, tampoco para atreverme a hacer algo, personalidad me sobraba y me sigue sobrando, pero con él era diferente.

Para ese momento en el bar yo no sabía si era que él era coqueto de por sí o de verdad se me estaba insinuando, así que comencé a tomarme una piña colada y me puse más cariñosa de lo normal, finalmente nos terminamos dando un beso afuera del bar y el chef de testigo.

Ya de vuelta al barco íbamos en el taxi y yo, media dormida, con mi cabeza en sus rodillas pensando: "¿Qué voy a hacer?". Llegamos y yo me recosté en el sofá del salón, él salió de su cabina a buscarme y tuvimos nuestra primera noche un 24 de enero en mi cabina.

Al día siguiente yo ya me venía sintiendo culpable por haberme acostado con un hombre casado, y que en ese tiempo solo sabía que estaba casado, no que tenía hijos; fue más adelante que me enteré cuando Mike, un chico con el que salí y que fue a verme al barco, le preguntó a él si tenía hijos, a lo que él respondió que sí. Peor aún, me sentí como una basura, y al preguntarle porque no me había dicho, me respondió: "No me preguntaste".

Para ese tiempo, enero del 2023, nosotros éramos solo amigos y yo aún no me enamoraba de él, no existían sentimientos, solo me atraía. Le dije que esto no podía seguir pasando y él dijo: "Está bien", pero volvió a pasar.

Yo le decía que cómo no le importaba hacerle daño a su mujer y le pregunté también que si ella sabía de sus infidelidades anteriores y me dijo que no, porque él siempre hacía de todo para hacerla feliz y que si ella llegase a preguntarle él le diría la verdad, que hasta le había dado las contraseñas de su redes sociales. Y ahí aplicó psicología inversa con ella. Cuando quieres lograr algo con la otra persona haces lo opuesto, es decir, él no quería que ella realmente se metiera a revisar sus redes sociales, pero para que ella viese que podía confiar en él le dio sus contraseñas.

Yo, en el fondo, desde un inicio siempre supe que era un *fuckboy*, no era ni el tipo de hombre que me gustaba (físicamente), de hecho, me fue cayendo mal, era como una mezcla de atracción y rechazo.

Esa forma tan retorcida que tenía de pensar: "Amo a mi esposa, pero, aun así, le falto el respeto", yo no la lograba entender y era de un hombre cobarde y mujeriego. No pensé que fuese a caer en su juego, pero lo hice, me dejé llevar.

Una vez, trabajando, íbamos en la lancha los dos solos y le pregunté que si él la amaba y me dijo que sí, que era el amor de su vida, pero, ¿quién en su sano juicio le hace esto a alguien que ama? En mi opinión, cuando estás enamorado no existe nadie más, no se te cruza por la cabeza hacerle daño a esa persona que tú amas o al supuesto amor de tu vida.

Pasó el tiempo y una noche me hizo hacerle una promesa, que yo no lo dejaría hacer algo tonto, y con eso se refería con dejarlo todo por mí, me lo confesó un tiempo después. Sin embargo, me enamoré y rompí esa promesa. Lo único que yo quería era estar con él y que él lo dejara todo por mí, lo sé. ¿Qué egoísta, verdad?

Nosotros nos decíamos mutuamente que ya iba a ser la última vez, pero en el fondo no queríamos parar, era casi imposible, más aun viviendo y trabajando juntos. Cuando me di cuenta de que yo estaba empezando a sentir cosas por él me comencé a alejar, le dije que ya basta y que hasta aquí llegaba todo el juego, que podíamos ser solo amigos. Eso era lo único que yo conocía, cuando empezaba a gustarme alguien me alejaba o autosaboteaba ese casi algo y salía corriendo. No obstante, me siguió insistiendo para que siguiésemos con todo el juego y un día me dijo: "Déjate llevar, no seas mariquita", un término en Costa Rica que se ocupa para llamar a los miedosos, ya que yo me hacía la fuerte y la dura en un principio con él, hasta lo trataba mal, sin embargo, un día por la noche me dijo: "Creo que te haces la fuerte, pero tienes mucho amor para dar y no te dejas llevar porque tienes miedo", fue en ese momento que sentí que me habían descubierto. Era verdad, me hacía la fuerte para no salir herida, lo trataba mal y fingía que no me importaba nada, que yo era la *fuckgirl*, cuando la realidad era que ya mis sentimientos por él estaban creciendo cada día más.

Al decirme que yo era una mariquita lo sentí como un reto y yo amo los retos, soy competitiva y era como si yo debiese dejarme llevar para ganar o solo demostrarle a él que no era una miedosa, pero, obviamente, como ya sabrás, me dejé llevar y terminé siendo un río de lágrimas. En el fondo mi intuición siempre tuvo la razón y jamás debí haber sido vulnerable con él.

La vida de una amante es horrible, pero aún más ser la amante de un hombre narcisista, es el doble de horrible. Haber aceptado ese lugar, ser la otra, la segunda opción haberme dejado de lado por tantos meses, fue un sube y baja de emociones. De hecho, escribí una canción sobre eso la segunda semana después de haberme acostado con él y se llama *"Sleeping with the devil"*. Siempre supe, algo adentro de mí me decía que él era un diablo y que me iba a destruir la vida, hasta las canciones que rondaban por mi cabeza como: "Aléjate de mí" de Camila, eran señales de que debía soltarlo, dejar ese bote e irme. Recuerdo estar en Saint Thomas en las Islas Vírgenes, llevábamos más de una semana ahí y una noche decidí salir a caminar por el muelle para hablar con mi amiga Bananu y contarle todo lo que había estado pasando. Antes si quería desquitarme o sacar mis emociones de alguna forma, sea rabia o tristeza, salía a trotar, pero dejé de hacerlo, dejé esa forma saludable de canalizar mis emociones y le conté a ella que en vez de hacer eso, salía de fiesta, entre otras cosas, me dijo que yo no era así y claramente tenía razón, yo no era así. Iba llegando al final del muelle, yo seguía hablando con ella con mis audífonos inalámbricos puestos mientras caminaba y sin darme cuenta, caminé y caminé hasta que llegue al final del muelle y me caí al mar. ¡Sí!, me caí y peor aun, estando sobria sin una gota de alcohol. Pensaba que estas cosas solo les pasaban a los borrachos o inclusive solo en las películas, pero no, me pasó a mí. Nadé como pude, mientras tenía el teléfono en una mano afuera del agua. Le seguía hablando para que no me colgase, sí, ella escuchó todo. Perdí uno de mis audífonos en el mar, por lo que solo podía escucharme con el que aún tenía en mi oreja medio mojado... Al llegar al otro lado del muelle, me subí por una escalera de emergencia y salí toda mojada. Al llegar al bote, le grité a Dani que estaba hablando por teléfono con Zury, para que me trajera ropa seca. Por supuesto, se rió mientras yo por otra parte también me reía de mi desgracia, pero a su vez pensé: ¿Será que esto es una señal del universo para que abra los ojos y me dé cuenta que ahí no es? Una señal que tal vez me quería decir que aún estaba a tiempo de salir de ahí pero no lo hacía.

Cada vez que terminaba con él, a las horas estaba de nuevo en sus brazos. Fueron los primeros dos meses, enero y febrero, en donde yo lo trataba mal para alejarlo, porque no entendía lo que me estaba pasando, como les decía antes, era como una mezcla de atracción y rechazo, como que me caía mal, pero, a su vez, me gustaba y mucho. Yo sabía que lo nuestro no era correcto y que yo debía hacer algo al respecto, que estaba en mi decir: "¡Basta ya!", que él me insistía constantemente en seguir, pero mis sentimientos fueron de aumento en aumento y cuando llegó marzo ya era muy tarde, había dejado caer las murallas de mi corazón y el diablo entró sin piedad a arrasar con todo.

En un principio me dijo que nos amaba a las dos, y escuchar esas palabras era como si me pegaran mil puñales en el corazón, pero no se lo demostré hasta un tiempo después. En el fondo quería que me eligiese a mí y, sin darme cuenta, lo que a él más le encantaba era que yo, de una forma u otra forma, compitiese con una mujer a la cual nunca conocí, competía con un fantasma.

Estar con él y que su teléfono comenzará a sonar con el nombre de "amorcito", ver su fondo de pantalla en donde se encontraba ella y así... era un dolor inexplicable. Yo siempre supe que esto no era lo que me merecía y aún sigo sin entender cómo seguí ahí y cómo sigo acá.

Él y yo convivimos a bordo en ese yate por tres meses, y sí, solo fueron tres meses y los más intensos que había vivido en mi vida. Hacíamos todo juntos, desde salir a bailar, a comer, dormir juntos, ver películas, trabajar, *todo juntos*.

Mi círculo social eran él y el chef. Antes de conocerlo, o al principio, yo salía a caminar casi todos los días o a correr, también salía con mi amiga Juli quien trabajaba en el yate principal y por eso siempre nos veíamos. El yate para el cual yo trabajaba y ella trabajaba siempre navegaban juntos, veía a mis amigas, era independiente y con él me volví dependiente, me hacía sentir protegida como una niña, pero si pensamos esto bien, quien debía cuidar a esa niña era yo y siempre debí haber sido yo.

YA NO ES NEGOCIABLE QUE SE DEMOREN 2 DIAS EN RESPONDER. CHAO CHAO

Nosotros pensábamos en formar una vida juntos y ¡qué ilusa fui! La que siempre quiso formar una vida con él era yo, él solo me pintó pajaritos en el aire. Me pidió matrimonio aún estando con ella, yo me había comprado un anillo con forma de ola y una piedra turquesa en el medio. Una noche él me lo sacó de la mano derecha y me pidió matrimonio con ese mismo anillo, poniéndomelo en el dedo de casados.

Más adelante, estando en Sint Maarten, yo le compré a él un anillo de acero inoxidable, como de estilo vikingo, porque nosotros veíamos esa serie y la amábamos, yo me hacía llamar Lagertha y el Ragnar. Nosotros hicimos lo mismo que hizo con su esposa, una promesa entre nosotros dos y nadie más, pero eso no era lo que yo siempre había soñado. Yo siempre había querido una ceremonia cuando llegara el día de mi matrimonio, vestirme de blanco, que mis familiares y amigos más cercanos estuviesen ahí.

Sabía que eso con él iba a ser imposible, sí hablamos de tener una ceremonia solos los dos, comprarnos los anillos reales, hacernos una promesa frente a la playa, yo de blanco como siempre quise y él vestido de quién sabe qué.

Aun así, no era suficiente, yo sabía que no era lo que me merecía, si yo no le proponía la ceremonia en la playa, él no me lo hubiera propuesto tampoco y es porque a él no le nacía hacerlo. Mi familia, que de hecho nunca estuvo al tanto de esto, jamás hubiese estado presente en esa ceremonia, ni la suya tampoco, nadie estaba a favor de nuestra relación y la verdad es que siempre tuvieron la razón.

Estaba dispuesta a ser madrastra de dos niños por él, yo iba a todas solo por estar con él.

En fin, el anillo lo usé por unos meses, el que yo me había comprado y con el cual él me había pedido matrimonio, al igual que el usaba él que yo le compré, era nuestro símbolo de unión. Cuando él se separó yo le decía marido y él a mi esposa, yo nunca me saqué ese anillo, hasta un día que discutimos y sí lo hice. Fui yo quien le dijo que hasta que él no cambiara su actitud conmigo yo no me lo iba a poner.

Pasaron los días y estaba en Bahamas. Me había tomado cuatro días libres para irme a Estados Unidos a ver a mis amigos y escaparme un poco de la rutina. Sin embargo, al parecer a él se le había olvidado lo que yo le había dicho y se enojó conmigo, o eso quiso aparentar, por no estar usando el anillo, me dijo que me lo había sacado para ir a coquetearles a otros hombres y que pensaran que yo estaba soltera, así que me lo puse de nuevo.

Cuando lo conocí él no usaba anillo como símbolo de unión, me decía que siempre se le perdían o se le rompían. Terminé con él por WhatsApp, porque ese cambio de él que tanto me había prometido que haría no le duró ni tres días.

El anillo lo tiró al mar y el que él haya hecho eso me dolió tanto, estuve toda una tarde buscándole un anillo y uno que él pudiese usar para trabajar, que le gustara, pero por sobre todo, uno que fuese de su estilo. Lo había comprado con tanta ilusión y amor, que cuando me dijo que lo había tirado al mar me sentí decepcionada de él, otra vez más. Las decepciones eran constantes, siempre terminaba haciendo algo que me decepcionaba más y más. Me había acostumbrado a sentirme decepcionada de él, que una decepción más era como otra puñalada más en mi corazón. Era como si estuviese coleccionando puñaladas.

Mientras él había tirado el anillo al mar, junto con una foto mía tamaño carnet que él guardaba en su billetera, yo seguía usando las pulseras que él me había traído de Costa Rica, el anillo puesto y demás cosas que él me había regalado, porque, como siempre, yo sabía que volveríamos a estar juntos, solo quería que se diera cuenta de que me estaba perdiendo con su actitud.

Ya en mayo, él separado y viviendo con su mamá, éramos oficiales y mientras yo lo ayudaba a conseguir trabajo, mandaba su currículo, lo presentaba como mi marido, yo me tomé muy enserio eso de que éramos marido y mujer, aun así sin haber firmado nada, sin embargo, todo esto duraría solo unas pocas semanas, así de rápido cambió, ahora yo era el "amor de su vida" y "me amaba solo a mí", o eso me hizo creer. Quién diría que semanas más tarde, y luego de haberle mandado una carta para su cumpleaños y habernos dicho "te amo" por teléfono una y otra vez, al día siguiente subiría una publicación en Instagram que decía algo como: *"la familia es lo más importante",* y en esa foto aparecía su, en ese entonces, exmujer y sus hijos, me dejó mensajes por Instagram pidiéndome perdón y "avisándome" lo que él haría.

Aun así, con todas las cosas que él había hecho y las decepciones constantes, el amor que yo tenía hacia él era puro para ese entonces. No había rabia ni resentimiento, hasta ese momento que vi la foto y sus mensajes, algo se rompió dentro de mí, toda la confianza y amor que le tenía se transformó en algo que ya no era puro y me destrozó. No sé ni cómo explicarlo, pero me había entregado a él por completo, creí en todo lo que me dijo: "Jose, estoy firme contigo, quiero una vida contigo".

Hasta el día de hoy ya no vuelve a ser lo mismo, ya no es puro, ya no es como era hace unos meses atrás, ahora es una mezcla de amor con resentimiento. Lo perdoné una vez más, y más encima la forma en la que me pidió perdón, eso no fue un perdón, fue un intento de justificar sus actos.

Me culpó a mí diciéndome que yo lo dejé solo cuando él más me necesitaba, *una sola noche*, y es que esa noche yo tampoco estaba muy bien y siempre lo he apoyado en todo. He estado en las buenas y en las malas, cuando le dolía la espalda le iba a pedir hora con un doctor en Chile, ya que en su país él no podía cubrir los gastos del doctor y las horas para que le vieran la espalda eran muy lejanas. Estuve ahí cuando se sentía perdido o deprimido, cuando no tenía dinero, siempre estuve ahí, 24/7 para él y solo una vez que no pude estar para él, ¿él decide volver con ella? Tiene 32 años y yo 23, pensé que me había enamorado de un adulto, pero creo que me enamoré de un niño con un nivel de inestabilidad enorme. Ahora le encuentro más sentido al porque yo le decía *"mi niño"*.

Probablemente las personas que estén leyendo este libro puedan llegar a juzgarme mucho por lo que hice, destruí la confianza en una familia, en una pareja y no me siento orgullosa de eso, cada vez que hablaba con él por videollamada y veía a su hijo, me sentía una basura y los niños intuyen, son sensibles, y su hijo ya estaba teniendo problemas en el colegio y también de alimentación. Cada vez que él me veía por videollamada se escondía, pero no quiero entrar mucho en ese tema.

Poco a poco, y luego de haberlo perdonado *otra vez más*, mis inseguridades comenzaron a salir a la luz y esa mujer independiente y segura de sí misma fue quedando en el olvido, dejó de existir, esa Jose que todos conocían por ser libre y autónoma ya no existía, se había muerto. Mi vida comenzó a girar en torno a él, cuando yo, en un inicio, tenía puesta una muralla frente a él y no quería mostrarme vulnerable ante él ni nadie, ahora era lo contrario, yo lo necesitaba.

Nunca había sido vulnerable con alguien, ni mucho menos llorar frente a algún hombre con el cual yo estuviese saliendo, siempre me hacía la fuerte, que nada pasaba y que no necesitaba ayuda. Sin embargo, él me envolvió y revolucionó mi mundo. Todas esas metas que tenía y la agencia que estaba formando, poniéndole toda mi energía quedaron en *standby* hasta el día de hoy.

Como les dije, yo iba como viento en popa, enfocada, rápido y nadie me paraba, iba como avión. Con él, y aún sigo pensando lo mismo, era como si me estuviese frenando, como si me atrasara. Con él no voy al mismo ritmo, mis sueños los cumplo, me enfoco y voy por ellos, él no, no es constante y deja todo a medias.

Mi mayor miedo es que él sea infiel conmigo, que vuelva con ella, y ya cumplió uno de esos miedos, que fue cuando hizo lo que ya les conté. Entonces mi temor comenzó a crecer y a crecer más, yo ya no podía confiar en él, quien me aseguraba que él no me haría lo mismo. En todo caso, todos sabemos que el karma existe y mi karma sería que él me fuera infiel a mí o que volviera con su esposa. Pero, entonces, ¿cuál sería *su karma*?

A veces me quedo horas pensando en el porqué de todo, de mis acciones y las consecuencias que vendrán, y esta es una de ellas. Hay muchas leyes universales y a la que más le temo es a la de acción y reacción, si accionas de buena manera y sin querer nada a cambio, el universo te premiará con algo mejor; en cambio, si tus acciones les hicieron daño a otras personas, tú recibirás de lo mismo o peor. Lo que yo hice fue malo, y sé que en algún momento de mi vida deberé pagar por lo que hice, sea con él o con otra persona. Tal vez él es mi espejo. Dicen que las parejas son nuestros espejos y, quién sabe, entre egoístas nos entendemos; y digo egoístas, en plural, porque yo sí fui egoísta al haber seguido con él aun sabiendo que tenía una familia.

Pero, querido lector, hay una gran diferencia entre ser egoísta y ser narcisista. Eso ya es otro nivel de egoísmo, y él es un narcisista, no existe empatía en su corazón.

Bueno, volvamos al tema que tanto les gusta. Esta historia parece más una telenovela mexicana que otra cosa, ¿no es así?

Pasaron los días y él estaba muy firme conmigo, o eso me hizo creer, yo era su prioridad, aun estando su hijo al lado decidía seguir hablando conmigo, me sentía su prioridad, pero todo fue cambiando nuevamente. Es algo que los narcisistas hacen, te prometen cosas, que en su momento suena tan lindo que te terminan convenciendo de quedarte en el vínculo, y una vez te tienen dándole amor de nuevo, volvemos a lo mismo, a recibir migajas y nada más que malos tratos.

La comunicación para mí, y creo que para todos ustedes, es fundamental en una relación. Con él, en un principio, cuando estábamos viviendo juntos era genial, luego la distancia, el chat y todo pasó de bien a mal, y de mal a peor.

Cuando algo me molesta lo comunico, comunico lo que me pasa, cómo me siento y se evitan muchas confusiones. En este caso, le comuniqué mis necesidades y lo que me había estado molestando. Él ya ha tenido varias oportunidades para cambiar, pero, honestamente a estas alturas, esa pizca de esperanza o fe que yo tenía en que él iba a cambiar quedaron enterradas por ahí y creo que perdí la fe porque los narcisistas no cambian. Recuerdo el día en que me prometió que mejoraría por mí, pero que en realidad no lo hizo, le duró unos días y volvimos a la misma inestabilidad de siempre.

El círculo vicioso

Todos sabemos que existen maneras de comunicar nuestro amor hacia la otra persona, los *lenguajes del amor*. En mi caso yo soy muy de piel, de tener contacto físico constante con la persona, también de tener detalles con el otro, de dar regalos y de decir lo que siento. En cambio, su forma de expresar el amor, o eso creía yo, era totalmente distinta. Él tenía actos de servicio hacia mí, pero no comunicaba lo que sentía, usualmente evita a toda costa hablar de sus emociones. Cuando tiene un problema se nubla, se va a blanco y no piensa en nada ni en nadie. Al final, como les decía, los actos dicen más que mil palabras y todo lo que él ha hecho ha sido demostrarme que a la única persona que ama es a sí misma.

Aun estando de amantes él se fue de vacaciones a Costa Rica en marzo, todo esto que les voy a contar ahora pasó aun estando de amantes y trabajando a bordo, antes de que él renunciara a su trabajo en abril.

"El Niño" me había dicho que le había contado la verdad a su esposa y que ella lo había perdonado. En su momento le creí por la angustia que él traía y cómo lloraba. Me dijo que le había dicho a ella que tenía una amante a bordo y que se había enamorado de mí sin mencionar mi nombre, pero también inventándole que a mí me habían despedido y, bueno, eso no era así. Yo decidí creerle y lo esperé. Me prometió que no se acostaría con ella y luego, cuando volvió de sus vacaciones, le pregunté si lo había hecho o no y me dijo que no, confié en él, porque según él que ella, a pesar de haberlo perdonado, no quería saber nada de él en ese momento y era él quien estaba intentando recuperar a su familia, no sé cómo lo hacía, pero todo lo que me decía sonaba muy convincente, de alguna u otra manera, le terminaba creyendo todo. Ahora que estamos en diferentes países y no lo veo, no hablo con él, he puesto en duda todo.

En fin, él era el que me contactaba. Yo, se suponía, que no podía llamarlo ni escribirle, pero, aun así, lo hacía, porque pasaron cuatro días en los que él no me habló, yo sintiéndome desesperada, con ansiedad, angustiada porque no sabía si ella lo había perdonado o no.

Es más, antes de irse me pidió que le pasara unas poleras del bote para sus amigos. Luego, una amiga me había mandado una foto de ella, que vio en su Facebook, en donde estaba usando esa misma polera que yo le había dado, estaban en la lancha de él, los dos con su hijo. ¿Ella feliz? ¿Quién estaría feliz luego de enterarse de que le han sido infiel y le han estado mintiendo? *Nadie*. Es decir, que no le contó y que, para variar, me había mentido nuevamente.

El primer día que se fue y pisó Costa Rica se suponía que estaba en San José y terminó conmigo por chat, cuando yo le decía que lo quería llamar me decía cosas como: "Estoy donde un amigo", "no puedo salir afuera, hay perros en la calle y me pueden morder", "¿quieres que los perros me muerdan?". Creí absolutamente todo, pero escribiendo en este instante me doy cuenta que no era así, que él estaba en la casa con ella y que por eso no podía hablar, todo esto antes de que me dejara de escribir por cuatro días. ¿Quién lo diría? Terminó conmigo por chat y unos meses más tarde le haría lo mismo a ella. Imagínate terminar una relación de seis años por teléfono y con un hijo de por medio, ¿cómo no me lo iba a hacer a mí? ¡Qué ingenuidad la mía!

En fin, hablamos finalmente y no terminamos. El día que me contactó, él, estando en Costa Rica, me llamó desde el auto de su mejor amigo Dilan, su cómplice en todo y quien le estuvo compartiendo internet para hablar conmigo por unas horas. Pasaron los días y lo fui a buscar al aeropuerto en Sint Maarten con un cartel enorme. Todo esto nos duró otro mes hasta que él, nuevamente, agarró su mochila para renunciar e irse y, ¡qué irónico! Justo decidió irse el mes 3 y es cuando ya el narcisista no puede seguir ocultando quién realmente es. Es por eso que yo me quedé con la imagen de que él "me amaba". Mi mente solo retenía los momentos lindos, cuando él era lindo conmigo, pero no pensaba con la cabeza y no veía que la mayoría de los momentos con él solo me daban ansiedad y tristeza.

Nuestro capitán era alcohólico, y hasta el día de hoy lo es. Lidiar con alguien así fue bastante difícil. Yo me fui un mes y medio después por la misma razón, y también porque la ausencia de "El niño" y todos los recuerdos estaban haciendo de mi trabajo un infierno.

La primera vez que quiso irse del bote me dijo que era por nosotros, que no podía con la culpa y fue justo antes de que se fuera de vacaciones en marzo. Es por eso mismo que no renunció, se fue a su casa y volvió, estuvo otro mes más, y ya la segunda vez que renunció de verdad fue distinta. Él agarró nuevamente su mochila, luego de haber discutido con el capitán y esta vez no le insistí, la verdad es que ya no me quedaba energía y solo confié en lo que él me dijo, que nosotros seguíamos juntos y que era para mejor, que cuando nos volviésemos a ver era porque él se había separado y que esta vez no me soltaría nunca más. Bueno, ¿qué creen? Pasaron los días y, nuevamente, terminó conmigo por chat.

Hoy en día creo firmemente que le dijo la verdad a su esposa la segunda vez que se fue a Costa Rica, y que es cuando él se fue a vivir con su mamá, cuando conocí por videollamada a parte de su familia, cuando en su muro de Facebook puso su estado de divorciado y ella eliminó todas las fotos con él. En fin, como yo siempre fui su segunda opción, y que ya se los había mencionado, no le quedó de otra que quedarse conmigo porque él no puede estar solo y yo, como estaba ciega, accedí. Él le había escrito ya anteriormente a mi papá diciéndole cosas que un papá no quiere escuchar. La verdad es que él no quiere ni escuchar su nombre, y con mucha razón.

Ahora en la actualidad, junio 2023

Estoy en Bahamas y nos tenemos bloqueados en Instagram. Después de que él que me había pedido ese tiempo en mayo, me fue dejando de escribir y responder cada día más y más. Por la única red social en donde no nos tenemos bloqueados es WhatsApp y quedamos en hablar el lunes. ¿Para qué? Ya ni sé. De hecho, me desbloqueó de Whatsapp justo en el día del papá, como si estuviese esperando a que lo felicitara, pero no, quédense tranquilos, que no lo hice. Él se supone que se fue a trabajar a Papagayo, Costa Rica, de marinero por un mes, y ahora me dice que se quiere ir a Estados Unidos. Pero saben que es lo que quiero de todo corazón, que para cuando él decida ir a Estados Unidos, yo ya estar en otra, como se dice por ahí. Sé que no puedo acelerar los tiempos, pero quiero que ese día, en donde ya lo haya dejado atrás llegue pronto.

"

EL DICHO DICE "SI TE
ENTREGAS MUY RÁPIDO , EL
HOMBRE PIERDE INTERÉS"
ES VERDAD, PERO ASÍ COMO
LOS HOMBRES TIENEN
NECESIDADES, LAS MUJERES
TAMBIÉN
LA ÚNICA DIFERENCIA ES QUE
NOSOTRAS TENDEMOS A
INVOLUCRAR SENTIMIENTOS,
ELLOS NO.
ENTONCES NO ESPERES UN
LLAMADO DESPUÉS, PORQUE ES
MUY PROBABLE
QUE NO LLEGUE Y SI LLEGA ES
PARA QUE REPITA LA
OCASIÓN...

No les ha pasado que cuando ya se olvidan de alguien, es decir, que ya no te importa o no te afecta lo que haga y no te da miedo perderlo, ¿mágicamente esa persona vuelve? Es como si de la nada se dieran cuenta energéticamente que uno está mejor, que volvimos a brillar sin ellos y eso los mata, su ego queda por el suelo. Les cuesta tanto creer que nos olvidamos de ellos, que los superamos, que ya no son nuestro mundo y que ya no los necesitamos, que al final hacen de todo para volver a ser nuestro centro de atención.

Queridísimo lector, a mí sí me ha pasado, *siempre vuelven*.

Cuéntame tu experiencia, ¿has vuelto a brillar luego de una ruptura amorosa y aparece el innombrable de entre los muertos?

✓..

✓..

✓..

✓..

✓..

✓..

✓..

✓..

✓..

Retomemos esta historia. Hoy es lunes y acabo de volver a Fort Lauderdale, Florida. Ya terminé mi trabajo de *Freelance* en Bahamas, en donde me fue muy bien y ahora a retomar la búsqueda de un nuevo trabajo.

"El Niño" había quedado en llamarme hoy, pero me escribió ayer en la noche y en el momento decidí no contestarle. Y qué casualidad, él sabía que volvía de vuelta a Florida y que iba a salir. Lo más probable es que haya querido arruinar mi salida, como lo hace siempre.

La última vez que lloré por él fue hace una semana y estos días que llevo escribiendo este libro, hablando con amigas, familia y mi psicólogo me voy dando cuenta de tantas cosas. Sé que han pasado pocos días desde que comencé a escribir este libro, llevo solo una semana, y desde hace un mes, aproximadamente, que me pidió el tiempo. Pero les cuento que se me acabaron las lágrimas, o eso creo. Tal vez de tanto llorar ya no me salen y, aunque quisiera, ya no puedo. El desespero se fue y creo que es porque las fuerzas, o esa lucha que yo tenía para estar con él, las he ido perdiendo. Y qué tal vez no era lucha, sino que era estar aguantando su maltrato constante.

Capítulo cinco

Espejos

He leído muchas veces que una persona que te ama debería darte paz, no ansiedad, darte seguridad, no inseguridad. A veces, estando en el teléfono, típico que aparecen *reels* y se los quieres mandar a ese alguien. En este caso, yo estando con él, me aparecían *reels* de las famosas *red flags*, y al ver estos *reels* y darme cuenta de que él cumplía con todo el *checklist*, decidía pasar a otro para seguir cegándome y olvidarme de lo que había visto, a pesar de que en el fondo sabía lo que era él en verdad, un monstruo.

Dicen que cuando una persona te dice algo por querer ayudarte es diferente a cuando es todo tu círculo quien te dice sal de ahí. No ha habido ninguna sola persona que no me lo diga, sin embargo, ¿qué más necesitamos ver o escuchar para darnos cuenta de que esa persona que queremos no nos quiere como nosotros quisiéramos o, peor aún, ni siquiera nos quiere? Él no quiere a nadie, no ama a nadie, ni a mí, ni a su esposa, ni a sus hijos, nadie. Todo lo que hace es utilizarnos a su conveniencia y ya.

Hay una persona en este mundo que es muy especial para mí, pero para respetar su privacidad no diré qué rol cumple en mi vida. Es una de las personas más sabias que conozco y solo es 1 año y 9 meses menor que yo. Alegre, carismático y que, con tan solo su presencia, te saca una sonrisa. Puedes estar viviendo un infierno, pero llega él y es un ángel lleno de luz que iluminará tus días mientras estás en la oscuridad. Tener a esta persona en mi vida es una bendición, es una persona vitamina.

¿Han escuchado hablar de las "personas vitamina"? Las personas vitamina son aquellas que traen luz, paz y alegría a tu vida, quienes te desean lo mejor y se alegran por tus logros. En ellos no existe el rencor ni la envidia, son generosos y con un corazón enorme. Son aquellas personas que te impulsan a ir por más, a que no te quedes en tu zona de confort, pero, por sobre todo, ellos te quieren tanto y quieren verte bien, que saben que cuando estás cometiendo un error te lo deben hacer saber y lo harán de una manera especial, porque eso es lo que ellos son, especiales.

Tener a una persona vitamina es como haberte ganado la lotería, tus días serán de alegría, y solo alegría, si te rodeas de ellos. A veces no nos damos cuenta de quiénes son, pero si abres los ojos y, minuciosamente, ves a tu alrededor, podrás identificar quienes son esas personas vitamina para ti.

Todo tu alrededor, tu círculo social y, hasta, familiares cumplen con un rol fundamental en tu vida, ya sea enseñarte o hacerte ver aspectos de tu propia personalidad que debes cambiar o mejorar. A medida que vayas creciendo te irás dando cuenta que tu círculo de amistades irá disminuyendo y te preguntarás por qué tienes cada vez menos amigos. Pero la verdad es que no es que te estés quedando sin amigos, todo lo contrario, te estás quedando con los verdaderos. Es como si estuvieses filtrando en tu vida quiénes sí y quiénes no. Somos cíclicos y estamos en constante movimiento, y las personas de nuestro alrededor también. No todos nos van a seguir al mismo lugar, ni tampoco nosotros a ellos. Algunas personas llegan para cumplir una temporada y luego se van, pero hay otras que llegan para quedarse.

Mira bien, observa y analiza. Las que entraron a tu vida por un período corto de tiempo y se fueron, ¿por qué fue? ¿Qué aprendizaje te dejaron? Cuéntame sobre alguna persona que haya marcado tu vida, con la que conectaste, ya sea a nivel amoroso o sentimental, y dime qué lección te dejaron.

(A pesar de saber que él era un narcisista, terminé cayendo en sus redes de nuevo y viajé a verlo. Me lavó el cerebro estando a bordo nuevamente, y se podrán dar cuenta por como escribo a partir de ahora. La visión que me había hecho de él y de que él era un monstruo, que los narcisistas no aman a nadie, se iba desvaneciendo poco a poco, y mi confusión volvía a predominar en mi día a día, volví a ser un peón en el juego del narcisista. Sin embargo, y a pesar de haber viajado a trabajar con él, gracias a toda esta situación, conocerás una Josefina que murió, pero que revivió más fuerte que nunca).

Hoy es sábado 1 de julio y debo confesarme. Habían pasado dos días desde que terminé mi trabajo en Bahamas y ahora me encuentro en Costa Rica trabajando con "El niño" a bordo. Se preguntarán qué hago acá, cuándo pasó todo esto, y me pregunto lo mismo, ¿cómo fue que llegué a aquí?, ¿qué hago acá? Todos los días, llorando, me hago esas preguntas y caí a la realidad. Yo, en el avión y en el aeropuerto, estaba feliz por volver a ver a "El Niño".

FLORECIENDO

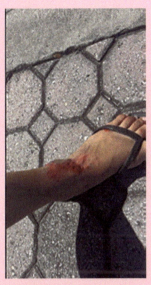

El día que viajaba a Costa Rica, tuve un accidente en la moto.

"El Niño" me consiguió un trabajo a bordo del yate en donde él estaba trabajando, se acuerdan de que les dije que se iba a trabajar a Papagayo por un mes, bueno, acá estoy yo con él ahora.

La verdad es que no pensé que esto pasaría, ni mucho menos que vendría de esta manera a Costa Rica, cuando siempre pensé en venir, pero de vacaciones a verlo a él. Ahora trabajaremos juntos nuevamente, por tres semanas y después quién sabe que va a pasar. Esta vez ha sido diferente, les voy a contar qué es lo que ha pasado desde que llegué y en qué posición es en la que me encuentro ahora. Solo decirles que cuando pensaba que no me quedaban más lágrimas para llorar, tenía un río guardado adentro mío y que ahora no sé cómo parar.

Lector, me siento como un pájaro enjaulado, me estoy hundiendo. Recuerdan que les dije qué, tal vez, estaba esperando a tocar fondo para decir "basta", bueno, aquí estoy. Por dentro pido ayuda, con un nudo en la garganta, llorando por los rincones del bote, pidiendo auxilio. Me pregunto, constantemente, cómo es que llegué a este punto, a sentirme tan muerta, tan vacía y perdida. La verdad es que ni siquiera debería preguntarme esto, porque tú y yo bien sabemos que esto iba a pasar si yo seguía con él.

Finalmente toqué fondo.

El día que llegué a Costa Rica venía con emoción, feliz e ilusionada. Con muchas dudas en mi cabeza, que sabía que serían respondidas por él, porque nos quedaba una conversación pendiente, tantas cosas que no entendía y que ahora sí. Hace dos meses y medio él me había dejado creer que "yo era el amor de su vida" y que él estaba "enamorado solo de mí". Cuando lo conocí me había dicho que amaba a su esposa, pero no solo la engañó conmigo, sino con otras mujeres más antes de conocerme. ¿Qué clase de amor es ese?

Ahora volvimos al comienzo, en donde su confusión vuelve y veo que está entre las dos de nuevo, y para no elegir me dice que decidió quedarse solo, que no está ni con ella, ni conmigo, nos tiene a las dos de amigas y también me dijo que él no se acuesta con ella. Sé que a estas alturas no debería creerle, pero lo hago. La forma en la que me dice las cosas, hasta llora. Creo que me está manipulando nuevamente.

Cuando entré en su cabina llegó una notificación y fue como revivir los inicios de nuestra "relación", era un mensaje de ella, y es obvio que deben hablar, es la mamá de su hijo, pero ahora la tenía guardada como *booty*; me dijo que significaba "poti", que se llamaban así cuando eran amigos y que eso es lo que son ahora, pero algo adentro mío sabía que me mentía. Usa el mismo collar que él tenía cuando lo conocí, ese que simbolizaba unión y que ella se lo había dado para protegerlo, el famoso collar de perla. Ahora me dice que lo usa porque es un símbolo familiar, porque es de él, pero que no ha vuelto ni con ella, ni conmigo, que está solo.

Por mucho tiempo le ofrecí todas las facilidades para que se fuese a Estados Unidos a vivir conmigo porque él me decía que quería volver y trabajar en yates conmigo de nuevo, sin embargo, hace unos días atrás me dijo que no podía, que él quiere aprovechar su tiempo con su hijo y que él podría viajar un mes a trabajar afuera, pero no más que eso.

Mi primer día de trabajo a bordo en Costa Rica.

Luego me ofreció la opción de venirme a vivir a Costa Rica con él, y al día siguiente me dice que no vamos a estar juntos nunca, que él se va a quedar solo. *¡Qué agotador!* Hoy me cuenta que se va a Nueva Zelanda a trabajar el 22 de julio. Esto es una pérdida de tiempo, no quiere irse a Estados Unidos, primero sí y luego no. Basta, yo ya no puedo insistir más, miren hasta donde llegué, estoy en Costa Rica, con mi pie esguinzado, casi sin poder apoyar el pie y llorando en las noches por él y por mi pie, trabajando con un dolor terrible y solo para verlo a él todos los días. Pero ya no más, hoy presenté mi renuncia, esto no es vida, mis papás no me dieron la vida para yo vivir un infierno por un idiota.

Cuando me dijo lo de Nueva Zelanda sentí que vine a perder mi tiempo, me ha dicho de todas las formas posibles que quiere estar solo y con sus actos me lo demuestra. Le dije que me iba esta semana y me echó la culpa a mí, como siempre. Hoy le pregunté: "Entonces, ¿qué vine a hacer acá? Aparte de trabajar, obvio, ¿para qué me hablabas lindo si luego ibas a estar distante y me ibas a volver a confundir y a tratar mal? ¿Para qué me decías "te extraño"? ¿Por qué me recomendaste con tu capitán a que viniera, si solo íbamos a ser amigos y sabes que no quiero eso?". Me dijo: "Vine a cerrar ciclos", y eso fue lo que le dije yo a él cuando le conté que renuncié, ¿pero acaso yo no podía cerrar ciclos sin tener que vernos la cara? ¿Tenía que insistir y convencerme de venir hasta acá para cerrar ciclos? *No*, no era necesario.

Le hice caso y me voy, de verdad que esto no es vida y me hace sentir mal con la decisión que tomé, haciéndome sentir culpable por irme. Él me impulsó para dejar este trabajo, dejé que él me dijera que se iba a Nueva Zelanda y después tomé la decisión. Ahora me dice que no sabe si se va, cuando le pregunté tres veces si se iba o no, y me dijo que sí. ¿Qué clase de broma es esta?

Me dice que me apresuré, siempre me dice que me apresuro al tomar decisiones, culpándome a mí, que no esperé a tener la conversación que nos debíamos para cuando se bajaran los huéspedes. Pero, ¿qué más debo hacer? ¿Aguantar su frialdad, su crueldad, aguantar todo esto? Siempre es lo mismo con él, ¿y qué hay de su impulsividad? ¡Qué hipócrita dios! Me cuesta tanto entenderlo a veces, me confunde. Supuestamente no quiere estar conmigo, no quiere estar con nadie y ahora no quiere que me vaya, ¡no lo entiendo! Me encuentro en un punto en el que solo quiero irme, a donde sea, hacer borrón y cuenta nueva, olvidarme de todo esto y salir a adelante.

Ya no puedo más, no dejo de llorar, esta no soy yo, yo era luz antes de conocerlo, me siento muerta por dentro, aguantando el dolor de mi pie, casi no puedo pisar, lloro todos los días, amaneciendo con los ojos hinchados, viviendo por inercia. Me despierto a las 5 a.m. de la mañana para trabajar y me voy a acostar a las 10 p.m. Estoy cansada, no puedo más. Lo único que le pido a Dios cuando lloro es que me dé fuerza, que me dé sabiduría y claridad, ayer lo hice nuevamente y hoy decidí irme. ¿Por qué lo sigo aguantando?

De verdad espero terminar este libro, superarlo, leerlo, ayúdame y ayudar a otras personas. Que entiendan que hay recaídas, pero que se sale adelante, aunque ahora esté en la oscuridad y no pueda ver la luz. Esa Jose llena de vida ya no existe y la extraño tanto. Amaba llegar a un lugar y esparcir mi alegría con las personas. Ahora solo no sonrío y yo siempre, pero siempre sonreía. Me extraño, no saben cuánto me extraño. Por dentro tengo un nudo, solo quiero gritar, tirarme al agua y desaparecer. No puedo más, quiero volver a brillar y siento que me hundí. ¿Soy la única?

✓ ....

✓ ....

✓ ....

✓ ....

✓ ....

✓ ....

✓ ....

✓ ....

✓ ....

✓ ....

✓ ....

Josefina Delaveau Eguiluz

No llegué hasta aquí para
tirar la toalla

Capítulo seis

Querido Dios, quiero dejar de amarlo

Todas las noches le hablo a Dios, porque lo quiero dejar de amar, me duele amarlo, me mata amarlo, todos los días una parte de mí muere y me voy quedando vacía. No le encuentro solución a esto, no encuentro una salida. Sé que nadie más que yo misma debe salir de acá y que yo debo ayudarme a mí misma a poder hacerlo. En mi interior hay un grito de *ayuda*.

Hace un año le escribí una carta a mi futuro marido y me prometí dársela a quien yo creía que sería eso, mi marido. Se la di a él hace unos meses atrás, pensando ciegamente que sería él con quien pasaría el resto de mi vida. Ahora, en este mismo instante, yo escribiendo desde la sala de tripulación y con él unos metros al frente mío, me preguntó si yo quería esa carta de vuelta. ¿Será que lo hace para herirme? Porque él sabe que se la di con amor, pero le dije que no, que él podía hacer lo que quisiera con esa carta, junto con las demás que le escribí, más las canciones que también le compuse. Le dije que yo se la di pensando que él sería esa persona, pero; en fin, ahora me queda claro que no será así.

Tengo tantas dudas y preguntas, pero más a un nivel existencial. ¿Por qué Dios permitió que yo viniera? Tal vez para abrir los ojos y ver, de una vez por todas, quién era él realmente. Lo único que le pido a Él ahora es que me dé fuerza para poder seguir trabajando y concentrarme, que me cuide y que hoy, arrodillada junto a mi cabina, llorando le pedí, le supliqué que, si él no debía estar en mi vida, que lo sacara de una vez, aunque me duela, creo que más que este dolor ya no puedo sentir. A veces deben cerrarse unas puertas para que se abran otras. Han pasado tantas cosas, pero ya los voy a actualizar. Antes que todo, quiero hacer énfasis a una pequeña reflexión que he estado teniendo últimamente en mi cabeza.

Mi mamá me dice que pongo en riesgo mi vida constantemente por las cosas que me pasan, como si quisiera morir, pero no es así. Vivo mi vida al límite y eso implica hacer cosas que, tal vez, mucha gente no haría por miedo, pero yo siempre confío. Cuando dicen que la vida pende de un hilo no es mentira, en cada una de esas palabras hay una verdad. En un minuto tu vida y la de las personas a tu alrededor puede cambiar mucho y dar un giro de 180º grados.

Cuando me levanto no pienso en si lo que haré durante el día estará correcto o no, para nada. De hecho, mi mamá me dice que soy una persona que no tiene filtro para decir las cosas; es decir, que todo lo que pienso lo digo sin medir las consecuencias. Es por esto que siempre les digo a las personas que recién me conocen: "O me quieres o me odias, porque te voy a decir las cosas como son y no te voy a decir lo que quieres escuchar".

Detrás de mi sonrisa ha existido una Jose que se ha caído muchas veces, pero también que ha aprendido a pararse y salir adelante. Mirar hacia atrás me da esperanza y me hace pensar que lo volveré a hacer y saldré viva de todo esto. Así como voy ahora, estoy muerta, pero tengo fe en que volveré a renacer. Estoy evolucionando o, bueno, eso quiero pensar. No sé cuáles son tus creencias, si crees en Dios o no, tampoco escribo esto para hacerte cambiar de opinión, solo quiero contarte la visión que tengo con respecto a este tema, pero, por sobre todo, lo que es para mí el amor incondicional.

Dicen que los padres sienten un amor incondicional por sus hijos y me imagino que así es, aunque yo no tenga. Así mismo funciona con Dios, para mí solo existe un Dios y es esa luz, una fuente de amor infinita que nos ama a todos por igual, porque somos sus hijos, al igual que un padre quiere lo mejor para nosotros, Dios es igual, la única diferencia es que él lo ve todo, los padres no. Él siempre sabrá el porqué de las cosas y porqué suceden. Y muchas veces me pregunto "¿por qué?". La curiosidad pasa constantemente tocando las puertas de mi mente, el querer saberlo todo y la mayoría del tiempo es querer saber todo sobre el futuro, pero he ido mejorando, cada día dejo de pensar en el que pasaría si...

Una persona que vive aferrada al pasado tiene depresión, una persona que vive el presente es feliz y las personas que viven en el futuro sufren de ansiedad. Yo estoy viviendo aferrada a él, a mi pasado y actualmente tengo depresión.

Como les contaba, no fue hasta hace poco que dejé de pensar en un mañana y fue gracias al accidente que tuve en mi moto. Mañana no existe, mañana no comienza aún, *es hoy* cuando tus acciones y palabras cuentan. Todos los días, cuando te levantas, cabe la posibilidad de que no vuelvas a abrir los ojos, digamos que esa posibilidad equivale a un 4% de un 100%. Podrás pensar que es poco, pero, querido lector, déjame decirte que ese 4% es bastante y no le tomamos el peso. Nos acostumbramos a pensar que somos eternos y que las personas a nuestro alrededor también, y ahí está el error. Posponemos cosas que podríamos haber hecho hoy, pensando que mañana las podremos hacer.

Hay personas que se arrepienten de haber hecho cosas o dicho cosas también, como otras que se arrepienten de no haberlas hecho, o no haber hablado a tiempo. Soy del tipo de persona que prefiere arriesgarse, cometer el error, hablar, actuar, que a vivir arrepentida por no haber dicho o hecho lo que realmente quería.

Soy amante de cometer errores, pero la verdad es que no los veo como tal, más bien los veo como aprendizajes y, como podrán ver, me encanta aprender. Cómico, ¿no? El problema es que aprendo a golpes. Si escuchara lo que me dicen, tal vez, los golpes serían menos fuertes.

Creo que es lindo cometer errores, y sí, llámame loca o rara, pero es la única forma en la que podemos crecer. Obviamente, a nadie le gusta sentir dolor, pero debemos pasar por él para renacer y para encontrar la plenitud nuevamente. Es inevitable no sentir dolor, es parte de la vida.

Por eso cuando miro hacia atrás, y en todo lo que he vivido, el miedo queda atrás, porque a pesar de que pasé por situaciones difíciles, sé que no permaneceré mucho tiempo en la oscuridad, llegará un punto en que abriré los ojos y la luz del túnel me estará esperando al final del camino. Voy caminando lento, a veces rápido, a veces no camino, pero siempre llego al final y observando con precisión las huellas que dejé en el trayecto. La persona que era entrando al túnel no es la misma una vez esté al otro lado, ya una vez haya pasado la luz.

Escrito un 2 de julio.

Lo siento, querido lector, por cambiar de tema tan radicalmente, pero no podía seguir escribiendo sin antes contarles lo que pasó hoy. *Dios lo hizo una vez más.*

Ayer les había contado que le pedí a Dios que si "El niño" no debía estar en mi vida, que lo sacara. Hoy a su mamá le dio un infarto al corazón y él tuvo que irse del barco. ¿La verdad? Lloró, me abrazó y fue todo muy rápido, le creí en su momento, hasta le ofrecí ir a verlo y pagarle el hospital si necesitaba ayuda, pero ya eso es problema de él. Si le dio o no un ataque al corazón a su mamá y me mintió, el karma por haber mentido con algo tan grave como eso le llegará a él, no a mí.

Soy libre, es como si Dios lo hubiese agarrado desde el cielo con una pinza y lo pusiese afuera del bote en el muelle, así como magia, todo tan rápido. Es tan loco como funciona la vida a veces, pero les confieso que no estoy aguantando en el barco. Me siento como pájaro enjaulado, llorando todos los días, mi pie hinchado y no puedo más. Ya había renunciado anteriormente con él a bordo y me arrepentí, le dije a mi jefa que me quedaría hasta el final del viaje, porque, en todo caso, necesitaba trabajar y saben a lo que me refiero...

Pasaron tres días y hoy decidí presentar mi renuncia oficialmente. Solo he estado pensando en agarrar mi mochila y mandar todo a la..., sabiendo que debo pagar la segunda cuota del scooter que compré a fin de mes. Sin embargo, aun así, lo hice. Aún no me compro el pasaje de vuelta a Estados Unidos, y es porque quiero poder fluir, sin pensar en un mañana y solo dejarme llevar, ser libre nuevamente, extender mis alas para emprender un vuelo. Sacarle algo bueno a toda esta situación y conocer un nuevo país.

Sé que cuando llegue a Estados Unidos va a ser complicado, porque no tengo un trabajo estable y me quedan cosas por pagar aún. Pero, como ya les dije, hoy quiero vivir sin tener que pensar en lo que podría pasar mañana, solo hoy. Por ahora no me quiero preocupar, a pesar de que sé que esos problemas me van a alcanzar en algún momento, es hoy donde decido ser libre nuevamente.

8 de julio 2023.

Y, finalmente, me fui a mochilear y ¡qué mágico! Así es como comencé hace 3 años. Mi corazón me lo pedía a gritos, al igual que la primera vez. Me fui de mi casa en donde me estaba sintiendo como un pájaro enjaulado y con depresión, era plena pandemia y yo lo único que quería era salir, recorrer el mundo y ser libre. Es revivir un poco esa etapa de mi vida y no saben lo bien que se siente, estoy volviendo a respirar.

Actualmente les estoy escribiendo desde un *Coffee Shop* en Tamarindo. Ayer llegué, y apenas puse un pie en Tamarindo me hice dos tatuajes, uno en cada lado de la costilla. Tatuarme es algo que siempre he hecho cuando cierro ciclos. Es como cuando la mayoría de las mujeres se cortan el pelo, bueno, para mí es lo mismo. En algunas ocasiones me he cortado el pelo, hasta me he dejado melena y he pasado de tener el pelo café oscuro a ser rubia teñida. En fin, los tatuajes dicen mucho en mí.

Al lado derecho de mi costilla me tatué 444, que significa protección y que estoy en el camino correcto. Es un número angelical y mi mejor amiga también lo tiene tatuado, así que lo hice en honor a nuestra amistad. El otro tatuaje al lado izquierdo dice *Freedom*, que en español significa libertad, pero más allá de eso, me lo tatué porque no quiero aferrarme nunca más a nada ni a nadie, estoy aprendiendo a soltar y eso implica no aferrarse.

Luego de haberme ido a tatuar, me metí al mar sola, grité debajo del agua y sentí que me liberé. Llegó la noche y fuimos a bailar con mis *roomates* del hostal, pero no puedo negar que, a pesar de sentirme libre, todo esto que me está pasando, esta ruptura duele en el alma.

Estuve bailando por horas y pasándolo increíble. Por un momento me había olvidado de él, pero sus recuerdos llegaron a invadir mi mente nuevamente. Fue como si una nube gris se hubiese colocado arriba mío con la cual caminé hasta el hostal, pero no sola. Un tico "costarricense" llamado Mauricio, que conocí, se ofreció a acompañarme y no me negué, sobre todo porque era peligroso para mí caminar a esas horas de la noche hasta el hostal; cosa que, la verdad, nunca me ha importado y siempre lo hago. Me encanta caminar, y si es de noche, eso no me va a impedir que yo salga sola. Pero en este caso, a pesar de querer estar sola, su compañía me distrajo por un momento.

Un pequeño flashback

Hace poco, dos días antes de que "El Niño" se fuera del barco, me había contado algo que me dejó muy mal. Me dijo algo como: "Vi que me moría", y que el día que hablamos por videollamada, antes de que yo llegara a Costa Rica, él me contó que esa misma noche, después de haber hablado conmigo por teléfono, lloraba y que sentía que se moría. Pero lo que más mal me dejó fue cuando me dijo que tenía ganas de hacerlo, de suicidarse, que le había dejado de tener miedo a la muerte y que él vio cómo pasaba, como una visión.

¿Será que me estaba manipulando para victimizarse nuevamente? ¿Habrá sido todo una mentira? Yo creo que sí.

"Vi que iba buceando y me fui solo más al fondo, apareció un tiburón y lo miré sin miedo, luego veo que mi cuerpo lo van subiendo, yo no me muevo, pero veo todo, y escuché gritos que decían: "¿Cómo pudieron dejarlo solo?", pero me sentía libre, me sentía tranquilo".

En ese momento, mientras me decía eso, el miraba el agua y los peces como si él quisiera ser uno de ellos, libre, en paz, tranquilo. Yo lloraba porque no sabía cómo ayudarlo, ya yo no tenía más energía, lloraba con un desespero mirándolo a los ojos, mientras ambos estábamos recostados en la cubierta del segundo piso del bote, mirándonos frente a frente, yo le decía que reaccionara, que me dijera algo, pero estaba ido, su mirada era vacía, muerta, no había un alma dentro de él.

Creo que su mirada siempre fue así, es más, al comienzo de todo yo intenté leer su mirada, me costaba mucho descifrarla y eso me daba más curiosidad en conocerlo, porque siempre he sido buena leyendo a las personas y sus miradas. "Una mirada dice más que mil palabras", y es totalmente cierto. Los ojos son la puerta al corazón, pero con él era como si no me quisiese dejar ver lo que había dentro de él; por alguna extraña razón se me hacía imposible descifrarlo. Más adelante y, poco a poco, se fue "abriendo" conmigo, sin embargo, fue parte de su actuación, solo me mostró lo que yo quería ver, ojos de una persona enamorada.

Recordemos que estuve con él a bordo viviendo justo tres meses, que es cuando el narcisista se las da de actor y, al reencontrarnos unos meses más tarde, supe que me había enamorado de alguien que no conocía y que, hoy, lo único que me llevo de él es esa mirada que me da miedo, una que no tiene corazón, no tiene empatía y que solo está muerta.

Después de haber llorado tanto, me levanté por unos segundos, cansada, sin energía y mareada. No dejaba de pensar, mi mente trabajaba a mil por hora y mi cuerpo ya no podía más. Mientras él tenía su mirada en el mar, yo me desmayé. Estuve en el suelo por un rato y, la verdad, no sé por cuánto tiempo fue, porque no me ayudó a levantarme, no se preocupó por mí y no me preguntó nada tampoco. Me imagino que solo estaba pensando en él y yo, por mi parte, me preguntaba: "¿Qué pasó? ¿Por qué no me ayudó? Antes si me hubiese ayudado, ¿por qué ahora no?".

Yo no dejaba de pensar en lo que él me había dicho. En su momento no quería despertarme una mañana y saber que el amor de mi vida, o eso pensaba en ese instante, se había muerto y que yo no hice nada para evitarlo. Me hubiera sentido muy culpable, ya que este tipo de cosas se pueden evitar.

La verdad es que prefería saber que está vivo con quien sea, aunque me duela, a que no verlo nunca más.

Para cuando comenzamos a hablar eran como las 11 p.m. y cuando se dio ese tema eran la 1 a.m. Yo debía levantarme a trabajar a las 5 a.m. No les miento, no dormí, tenía miedo a que él fuera a hacer algo esa misma noche y decidí quedarme despierta cerca de él, a veces durmiendo cinco minutos y luego me levantaba a ver dónde estaba, en caso de que pasara algo. Si yo no lo hacía y lo encontraba en el agua al otro día me habría arrepentido el resto de mi vida.

¿ME LAVARON EL CEREBRO?

Pero al día siguiente fui yo quien se despertó muerta, me había cansado emocional y mentalmente, me hundí. Les juro que no podía más, no me quedaba energía para trabajar, ya no sonreía, mis amigas, amigos y, sobre todo, mi familia me decían que me había apagado, y escuchar eso cuando yo sé que lo mejor que se me da es esparcir mi luz, es horrible. Sentir que me había perdido por él.

Constantemente él me decía, mientras hablábamos, que antes de conocerme a mí él pensaba que lo tenía todo, que se consideraba una persona feliz y completa, pero que ahora, aunque quisiese serlo, no podría, porque si volvía con su familia, le faltaría yo, y si volvía conmigo, le faltaría su hijo. Me hizo sentir que yo era la culpable de su insatisfacción e infelicidad. A ratos, en nuestra relación, solía llamarme revolución chilena porque, supuestamente, yo había llegado a revolucionar su mundo. Sin embargo a estas alturas, pienso que todo lo que él me decía era parte de su actuación.

Lo único que tengo claro es que cada uno es el capitán de su propio bote, y si no lo manejan bien, este se hundirá. Así es la vida. No puedes echarle la culpa al resto por tu infelicidad, debemos hacernos cargo de nuestros actos y aquí estoy yo, tomando la decisión de ser feliz y nunca más dejar que mi felicidad dependa de alguien más.

Pasaron dos días y llamé a mi terapeuta para agendar una hora. Sabía que necesitaba ayuda y que algo andaba mal conmigo. Si no pedía ayuda ahora, a tiempo, tal vez más adelante sería muy tarde.

Queremos escuchar lo que nosotros creemos que es correcto, ya que, por lo general, a las personas les gusta que les mientan, están tan acostumbrados a eso y a no encontrarse con alguien que les diga la verdad, aunque duela, que cuando eso pasa y te dicen la verdad, no lo quieres creer o te pones en shock.

Cuando me decían que él no era para mí, o que él era malo y que hacía todo para manipularme, yo no quería creer, me mentía a mí misma y dicen que eso es peor que mentirle al resto. ¿Te ha pasado?

✓ ....

✓ ....

✓ ....

✓ ....

✓ ....

✓ ....

✓ ....

✓ ....

✓ ....

✓ ....

✓ ....

Capítulo siete

Los problemas

No podemos escapar de los problemas, aunque yo ahora esté intentando hacerlo como lo hice la primera vez que me fui a mochilear. Internamente me sentía vacía y pensaba que irme de viaje me ayudaría a sanar, o que solucionaría todos mis problemas, pero no. Son *problemas internos,* y por más que uno quiera taparlos haciendo mil cosas, siempre te van a seguir y, así como me lo dijo mi terapeuta, la solución está adentro, no afuera.

Aun sabiendo todo esto, debo decir que ahora estar viajando me ha hecho sentirme mejor y más libre. En el fondo sé que al llegar a Estados Unidos esta sensación se va a ir o va a cambiar. Es como cuando uno tiene depresión y se come un dulce o un chocolate, eso te provoca placer, felicidad, pero solo durará unos minutos. Así mismo sé que me va a pasar con todo esto. Este viaje no va a ser eterno y deberé volver a la realidad en algún momento. Cuando ese día llegue, no quiero ni pensar cómo voy a estar sintiéndome.

Ya he pasado por esto, no de la misma manera, no en la misma magnitud, pero si lo he vivido y no pensé que volvería a pasar por esto de nuevo, ni mucho menos sentir el dolor que llevo conmigo todos los días, pero aquí estoy nuevamente, y la tristeza multiplicada por mil con una persona diferente. El error es el mismo y el aprendizaje también. Dicen que Dios te pone diferentes personas en diferentes situaciones, pero el aprendizaje termina siendo el mismo. Si no entendiste con la primera, te pondrá más personas hasta que decidas no aceptar más de lo mismo, en mi caso, maltrato. Eso es, y lo sé, debo cortar con el patrón.

A inicios de este libro les explicaba el tipo de hombres que atraía a mi vida, que podían ser narcisistas, no disponibles emocionalmente, sin metas en la vida o que, simplemente, estaban perdidos en la vida. ¿Y qué hacía yo? Los intentaba salvar. "El Niño" es la segunda persona que llega a mi vida para enseñarme a valorarme, y si no lo suelto ahora, vendrá otra o, quizás, él de nuevo para ponerme a prueba. Si para ese entonces no me amo y no me respeto, volverá a repetirse el mismo ciclo, y peor.

Alguna vez dijiste: "¿Por qué siempre me pasa lo mismo?". Cuéntame con tus palabras qué fue exactamente lo que dijiste y en qué situación.

✓ ....

✓ ....

✓ ....

✓ ....

✓ ....

✓ ....

✓ ....

✓ ....

✓ ....

✓ ....

Yo lo dije con todo esto que me pasó con "El Niño", y lo he dicho anteriormente muchas veces también. Es ahora en donde me doy cuenta de que, si hubiese sanado y cortado con el patrón con la primera persona que quiso sobrepasar mis límites y darme solo migajas de amor, yo no estaría viviendo nada de esto ahora. Tal vez con el panameño, la primera *red flag* que apareció en mi vida, debería haber aprendido, pero no, debía llegar la segunda para tocar fondo y entender.

Muchas personas me dicen que soy fuerte, él siempre me decía que yo era fuerte de espíritu, pero no de corazón y, tal vez, tenía razón. No logro entender por qué, si he pasado por tantas cosas, tantas situaciones dolorosas, me echo a morir por un hombre que no me valora, que no ama a nadie y, peor aún, que me maltrata psicológicamente.

Hay cosas, como la personalidad, que son parte de nosotros, nuestra marca personal y lo que nos hace diferentes al resto. Sin embargo, algo que me caracteriza mucho es disimular cuando algo me pasa, mi cara lo dice todo. Cuando estoy triste se me nota, cuando estoy feliz se me nota; y mucho, pero nunca hay un equilibrio, no hay un balance. Las personas pueden deducir que algo me pasa y es porque yo dejo que mis emociones se apoderen de mí. No tengo control sobre ellas.

Un claro ejemplo es el de mi trabajo, si tengo un problema amoroso, familiar o algo relacionado con mi vida personal, se va a notar en mi desempeño laboral. Mi energía baja mucho, mi cara ya no es la misma y es como si mi desempeño dependiese de cómo yo estoy emocionalmente. Es verdad, tal vez si hubiese sido más fuerte de corazón, hubiese aguantado en el barco los 10 días que me quedaban, hubiese cobrado mi sueldo completo y no estaría preocupándome de mis finanzas. Pero no pude, no lo logré, lloraba todos los días, todo el día, limpiando los baños, haciendo las camas, por todos los rincones del barco caían mis lágrimas.

Que horrible que es sentirse así, me cuesta tanto disimular y, a veces, me gustaría poder hacerlo. Puedo llegar a ser tan confiada que le cuento toda mi vida a todo el mundo, así como lo estoy haciendo ahora, pero desde un lugar diferente. He querido dar mi testimonio, lo que yo viví a escondidas y que mucha gente de mi círculo cercano desconoce. Todo esto con ganas de poder ayudar a quien esté pasando por lo mismo que yo estoy viviendo ahora, o parecido. No seré la última mujer que estuvo con un hombre casado, ni mucho menos la última en estar con un narcisista. Las pocas personas que saben de esto, no logran entender cómo me quedé ahí, cómo aguanté tanta manipulación o maltrato, hasta me han tratado de tonta y que tal vez fue mi culpa, pero no. He entendido que muchas personas no lo entenderán a menos que lo hayan vivido y es por esta misma razón que este libro está dirigido a víctimas de abuso narcisista. Hayas sido la amante, la esposa, sea quien seas, tú y yo sabemos lo que esto se siente y lo difícil que es salir una vez ya estás en el vínculo tóxico.

Al estar lejos de las personas de mi confianza y no poder hablar con ellos de esos problemas, lo único que me queda, y que es lo más fácil, es hablar de estas cosas que me pasan con las personas que tengo a mi alrededor, pero es un error muy grande, luego usan esos problemas en tu contra.

Sigan leyendo, sigan conmigo y no, no se vayan a la última página, eso es trampa, así que les pido paciencia, que esta historia aún no termina, estamos a medio camino, querido lector.

Ahora les escribo desde un parque lleno de *food trucks* en Tamarindo. Mañana comienza mi viaje a Santa Teresa, dejé reservado un hostal y tengo pensado quedarme ahí tres días, y si me gusta, extiendo mi estadía. Me voy moviendo sin planes, solo fluyendo. Siempre me había gustado tener el control de todo, planificar mis viajes con anticipación, pero ahora no y siento que lo paso mejor. Personas que conozco en el camino me preguntan "¿hasta cuándo te quedas acá?", y yo respondo: "No sé, a donde el viento me lleve".

Siento que voy volando y viviendo mi día a día. Hago lo mejor que puedo, cuando mi cabeza piensa en el futuro y en todas las cosas que voy a tener que hacer cuando llegue a Estados Unidos, intento desviar esas preocupaciones y enfocarme en el aquí y el ahora, porque no me sirve de nada preocuparme en estos momentos, lo único que voy a lograr es estresarme más y más.

El año pasado (2022), estuve la mayor parte de mi tiempo viviendo en mi mente, viviendo en un mundo de fantasía para evadir la realidad que no me gustaba, pasé de estar visualizando el futuro que quería a solo vivir en mi mente y obsesionarme con él. Me perdía el presente y me hice tantas expectativas sobre tantas cosas, que la caída a la realidad, cuando no se daban como yo quería, me enseñó a nunca más visualizar un amor.

Capítulo ocho

Cartas

Esta carta la escribí estando con sobrepeso en febrero del 2022, mi autoestima por el suelo y no estando contenta con mi cuerpo. Una carta de mí para mí.

Josefina Delaveau Eguiluz

¿Quién te pidió tu opinión?

"El año pasado fue un año de mucho sacrificio y de postergar mi salud. Pasaban los meses, no tenía tiempo para mí y puse el trabajo y los huéspedes primero. Mi salud mental y física pasaron a segundo plano. Hoy estoy con resistencia a la insulina, cuatro caries en los dientes y anemia.

Me prometo nunca más dejar que esto me pase por querer ganar más dinero o viajar. Los países se van a quedar ahí y no se van a mover, las personas que me quieren me van a cuidar y no se van a ir, no todo tiene que ser al tiro, no todo tiene que ser ahora, me prometo disfrutar de mis momentos a solas y encontrar un trabajo que me dé tiempo para mí, para hacer deporte y amarme.

Al llegar a Chile, iba en el avión, escuché a la azafata decir: "¡Bienvenidos a Santiago de Chile!", me puse a llorar, me di cuenta de que la Jose que se fue no era la misma que había vuelto ahora y sentí un orgullo enorme por esta Jose que logró todo lo que se propuso y más".

Quiero que sepan que lo logré y ese trabajo que me prometí encontrar para tener tiempo para mí y hacer deporte llegó. Fue un trabajo estable de temporada en el cual estuve 6 meses. Me dio tiempo para hacer ejercicio, para tener sesiones con mi psicóloga y todo el año 2022 me dediqué a estar conmigo y a bajar de peso, trabajar en mí y mi autoestima, pero la vida me puso a prueba nuevamente a ver que tanto trabajé en mí y fracasé, no me amaba tanto después de todo.

Voy a hacerles otro cambio de tema medio radical. Ya se los he hecho más de una vez, así que me imagino que se tienen que haber acostumbrado a mi forma de escribir, un poco de todo. Ya tienen que haber notado que me gusta escribir, pero la pasión por la escritura no comenzó ahora, no señores, esto empezó años atrás, desde que estudiaba en el colegio y una de mis profesoras favoritas, la Miss Mariana, nos hacía escribir cuentos y poesías. Es desde entonces que me di cuenta lo mucho que me gustaba escribir. Comencé escribiendo poemas a los 8 años, canciones y microcuentos a los 13. Supieran lo que amo escribir cartas a mano, es como si hubiese nacido en el año incorrecto y viajase en el tiempo desde los años 60 a la actualidad.

Mi papá, mi mamá y todos a mi alrededor me juran y prometen que llegará el día en el que dejaré de sentir dolor, que el tiempo lo alivianará y un día despertaré ya habiendo superado a "El Niño". Pero, ¿por qué me cuesta tanto creerles? Si son personas que ya pasaron por esto, tal vez no igual, pero, ¿quién no ha tenido un corazón roto? Todos.

Sé que para mi familia y mis amigos leer este libro va a ser difícil, hay muchas situaciones y emociones mías internas que ellos desconocen. Omití varias partes de esta historia para no lastimarlos, pero, al fin y al cabo, tus seres queridos no quieren verte sufrir, menos por alguien que no vale la pena y que te hace daño constantemente.

Volviendo al punto principal de todo esto; ellos, tu familia y amigos siempre van a querer lo mejor para ti, sin embargo, saber que sufres, sufres y sigues sufriendo, una y otra vez, por la misma persona, me imagino que les debe dar una impotencia y tristeza enorme, una mezcla de emociones por querer abrirle los ojos a la otra persona, ayudarla y no poder. Ahora, cuéntame tú. ¿Te ha pasado esto?

✓...

✓...

✓...

✓...

✓...

✓...

✓...

Capítulo nueve

La venda se cayó

Escrito el 9 de julio de 2023.

Lo sé, me van a decir: "lo sabíamos", así como todo el mundo me decía: "abre los ojos". Bueno, los abrí ayer y la venda se cayó. Mi familia y mis amigos me decían que era imposible que él no se hubiera acostado con ella en los dos meses y medio que estuvimos lejos, en un vaivén continuo, pero, finalmente, tenían razón.

Estaba ciega, algunos se reían de mí y, tal vez, ustedes lo hicieron en su momento, por poner mis manos al fuego por un hombre como él. No obstante, ahora todo este tiempo que no he hablado con él y que me he puesto a pensar en absolutamente todo, armé el rompecabezas, y quién sabe si hay más piezas perdidas por ahí o no, concluí que él si se acostó con ella la primera vez que fue a Costa Rica, y que también se había acostado con ella antes de vernos a bordo, nuevamente, en Papagayo. Todo era muy obvio, un poco tarde para haberme dado cuenta que me estuvo mintiendo todo ese tiempo. Confié y creí plenamente, que decidí seguir con él y le dije, muchas veces, que si yo me enteraba de que él me había mentido, no había vuelta atrás, y ya no la hay. Y sí, puede que lo que les vaya a decir ahora les parezca una locura, pero, agradezco el hecho de que me haya enterado de todo esto, porque me abrió los ojos y seguramente me dirán: ¿qué más necesitaba para darme cuenta que ahí no era? Esto, esto necesitaba.

Ayer tuve una lectura de tarot con mi vidente, que es muy asertiva, y cuando les digo que es muy asertiva es porque *todo* lo que ella me ha dicho pasa. Y sí, me mintió, salí de todas las sospechas que tenía, me atreví a preguntarle lo que nunca le pregunté y que en el fondo sabía qué había pasado, porque las mujeres somos intuitivas, pero quería creerle, para mí era imposible que él me hiciera eso, pero bueno, si se lo hizo a su esposa con diferentes mujeres y con quien llevaba 6 años, como no me lo iba a hacer a mí.

Ahora entiendo porque la tenía guardada como *Booty* en su WhatsApp, o porque él estaba usando el collar de perla, era extremadamente obvio, estaba jugando con las dos, no quería dejar a ninguna, quería lo mejor de los dos mundos y, así, seguir elevando su patético ego. Es tanta su capacidad de manipular, que si yo hubiese visto un papel de color rosado y él me dijese que no, que era azul, yo le creía, pero no porque me dijese que era azul, sino por esa forma tan convincente que tiene él para dar vuelta las cosas y hacerte pensar que tú estás mal y que él está bien, finalmente terminas creyéndole y pareces una loca. El papel termina siendo azul, mientras que todo el mundo lo verá rosado, así como tú lo viste desde un inicio antes de hablarlo con él.

Pero no entiendo por qué no me lo dijo, ¿por qué no me lo dijo directamente? Así como: "Mira, si me acosté con ella y ya no te quiero", aunque me duela, prefiero que me destrocen con la verdad, a que lo hagan con mentiras.

Sin embargo, he llegado a la conclusión de que, como es narcisista, su imagen es muy importante, entonces él quería que yo me llevase un lindo recuerdo de él para que no hablara cosas feas y que pensase que él fue siempre un santo, cuando nunca lo fue. Él quiso dejar la puerta abierta al dejarme esa linda imagen de "yo no hice nada", "me alejo porque te amo y quiero lo mejor para ti", y así, si algún día las cosas con ella no le resultan, él podría volver. Pero no, señores, no. "¡Que se vaya a comer mierda!": termino muy utilizado en Costa Rica. Más de una carcajada le tengo que haber sacado a mi amiga Juli.

Se lo pregunté varias veces, pero me las negó todas, y opino que es mejor que te digan la verdad, aunque duela.

Cuando él la engañó a ella conmigo, como ya verán, no se lo dijo la primera vez, pero sí la segunda, a menos que ella lo haya descubierto. A diferencia de ella, yo le dije, desde que lo conocí, que yo no perdonaba infidelidades y que si él me lo hacía alguna vez, fuera con otra mujer o si se acostaba con ella, me perdía para siempre. En este caso, es mejor así, no perdí, es más, gané algo que no se compara con nada, paz mental. Me he liberado de una persona que no puede amar. Y que fuerte que suena eso, porque me enamoré de alguien que no ama a nadie, que nunca me va a amar y que jamás lo hizo.

¿Se acuerdan del miedo que yo tenía? Y que me preguntaba cuál sería mi karma en todo esto. Tarde o temprano esto iba a pasar, fuese con ella o con otra mujer. Finalmente pasó, y la verdad es que menos mal fue con él y no otra persona, esto me impulsó a decir "basta".

Dios sacó de mi vida a alguien que no era bueno, alguien que disfrutaba ver sufrir a los demás y que ya venía haciéndome daño por meses, me enamoré de un sádico. Si me hubiese quedado con él, mi vida se hubiese llenado de problemas, más daño, más depresión y más caos.

Lo que me pregunto todos los días es: "¿Cómo fui tan ilusa en creerle todo? ¿Cómo no me di cuenta antes?", pero bueno, me enamoré, o creo que cuando uno está enamorada le cree todo a esa persona. En fin, es como el famoso refrán: "El amor te deja ciego".

Les escribo desde una van en camino a Santa Teresa.

Etapas del duelo amoroso

Cuando comencé escribiendo este libro estaba en la etapa de negación y era muy obvio que, para ese entonces, es decir, 1-2 semanas atrás, aún creía en él y en que lo nuestro era posible, pero ya no, ahora estoy en esa transición de la etapa en donde se siente esa tristeza, pero pasando a tener rabia. Sé que después de esta etapa, en donde tomo todas las acciones para olvidarlo, me ayudarán a llegar a la etapa final, la aceptación y, finalmente, la superación.

Ya me destrozó muchas veces y no voy a permitir que me destroce una vez más, ni mucho menos darle el gusto en verme mal, porque exactamente es eso lo que disfruta, su mente retorcida y sádica ama hacerme daño. Me juré levantarme y volver a brillar. Terminaré este libro y espero tenga muchas páginas de las cuales puedas entretenerte o que, de alguna manera, te sirva para ver señales a tiempo, salir adelante y soltar.

Tal vez te ha pasado algo parecido y te sientas identificado, espero que te sientas acompañado al leer cada una de estas páginas.

Ahora cuéntame, ¿quién te rompió el corazón, te destrozó, pero te hizo más fuerte?

✓ ....

✓ ....

✓ ....

✓ ....

✓ ....

✓ ....

✓ ....

Mi primer día en Santa Teresa, fui a ver la puesta de sol a la playa.

Anoche estuve con insomnio, algunos días me siento imparable y otros destrozada. Me puse a pensar cosas como: "¿Qué le digo si vuelve a escribirme? ¿Le digo que ya sé que me mintió?". Estuve pensando que le diría por horas y horas, hasta que terminé en la calle a las 12 p.m. escuchando música triste con mi pijama y sin dejar de pensar. Recordé cómo me solía llamar y, en parte, siempre pensé que era por mi voz o porque era media torpe, me pegaba con todo y siempre chocaba con la repisa del techo, pero ahora entiendo porque me llamaba así, fui su presa fácil, mi ingenuidad llegó a ser extrema y me jugó en contra.

Lunes 10 de julio 2023, ahora escribiendo desde un *Coffee Shop*, Santa Teresa, Costa Rica.

SABÍA QUE VOLVERÍA, ME ADELANTÉ Y ENTERRÉ MI CORAZÓN , JUNTO CON LOS RECUERDOS EN UN CAJÓN

Hoy voy a ir a recorrer en una moto que dejé arrendada ayer. No sé a dónde ir aún, ni siquiera me he puesto a revisar el mapa, son solo 8 horas que la dejé arrendada, pero bueno, ya veremos a dónde me lleva el viento. Era mi primera vez manejando una moto, que no es automática, en otro país y, para variar, con hawaianas.

6:38 p.m. Fue un día largo y algo solitario. Se me vinieron muchos recuerdos nuestros, mi corazón se llenó de ira y nostalgia, una mezcla que, la verdad, no sé cómo explicar. Fui a una playa muy linda, en donde llamé a mi prima, con la cual no había hablado hace meses, y la puse un poco al tanto de todo.

Cuando estaba con él, vivíamos en una burbuja y, para mí, el mundo no existía, éramos él y yo. Me alejé de mis amigos y familia, menos mal ya salí de esa burbuja y ahora estoy volviendo a contactarme con mi familia, amigos, abuelos y primos. Personas a las que dejé de lado por estar metida en todo esto.

Una de las cosas que más me molesta es el haber creído que podía llevarlo a mi casa y presentárselo a mis abuelos; a mi abuelo sobre todo, que es mi mundo, una de las personas que más amo en la tierra.

Mis abuelos sabían de él, pero no les conté la historia completa y al leer este libro la conocerán. No soy de llevar a hombres con los que estoy saliendo a mi casa, porque la verdad es que nunca llego a algo serio y todos terminan siendo los famosos "casi algo", es por esto que en mis redes sociales nunca me verán en pareja, los casi algo pasan desapercibidos, y sí, ríanse, ¿es entretenido confundir al público no? Al único que llevé a mi casa fue a mi primer novio, el típico que tenemos en nuestra adolescencia y fue cuando tenía 18 años.

A mis abuelos les dije que era separado cuando nosotros estábamos pensando en formar una vida juntos, y me imagino que ahora que estén leyendo esto se sentirán decepcionados de mí, y por eso les pido perdón, quería evitarles el dolor, así como herí a mis papás y mis cercanos con todo esto.

Los valores que mis papás me entregaron no coinciden con mis actos o, mejor dicho, este acto que tuve, no puedo justificarlo, fue mi decisión y ahora estoy enfrentando las consecuencias.

Capítulo diez

El perdón

Parte de lo que les estoy contando en este libro es el lado B, lo que fue para mí haber sido la amante de un hombre casado narcisista y con hijos, haberme enamorado por primera vez y que puedan ver las consecuencias que tienen nuestros actos, pero por sobre todo, el mío.

Enamorarse de alguien no está en nuestro control y a mí me gusta tener el control de todo, y lo sé, sé lo que piensan. "No se puede tener el control de todo, hay cosas que no están en nuestras manos", pero créanme que eso lo tengo más que claro. Mucha gente dice: "El corazón quiere lo que quiere y no se puede controlar", pero, tal vez, sí evitar y de verdad que cuando comenzó todo esto lo intenté y mucho, pero no fue suficiente; fallé y me enamoré de la persona incorrecta.

A mí me pasaba al principio que mientras más me alejaba, más sentimientos comenzaba a sentir por él. Yo sabía que eso era lo correcto, que en algún punto algo malo iba a pasar, porque, como dice mi mamá: "Todo lo que comienza mal, termina mal".

Jamás pensé que esta historia llegaría tan lejos, ni mucho menos sentir tanto sufrimiento, a pesar de haber sentido dolor a bordo, aún estando con él; esto, esto es otro tipo de dolor, algo que no había sentido así de fuerte antes. ¿Has intentado no enamorarte de alguien y mientras más lo intentas, más te enamoras? Cuéntame.

✓ ....

✓ ....

✓ ....

✓ ....

✓ ....

✓ ....

✓ ....

Si pudieras decirle algo a esa persona, ¿qué le dirías?

Escríbele una carta, lo que te hubiese gustado decirle y que no pudiste en su momento.

✓ ....

✓ ....

✓ ....

✓ ....

✓ ....

✓ ....

✓ ....

¿Tú crees que para soltar hay que perdonar?

✓ ....

✓ ....

✓ ....

✓ ....

✓ ....

✓ ....

✓ ....

Yo sí y, no sé ustedes, pero la rabia que siento en estos momentos no me deja perdonar. Entonces, si lo vemos de esta manera, aún no lo suelto por completo. Mi familia y cercanos dicen que me autoexijo mucho y creo que tienen razón, no ha pasado ni una semana y me estoy obligando a olvidarlo rápido, como si fuese arte de magia olvidar a alguien tan rápido, una semana, ¿que es eso?, no creo que sea posible. Y no, no utilizaré la táctica del clavo, porque solo es un parche temporal y tú y yo sabemos que cuando el parche se cae, la herida seguirá ahí, tengo que dejarla cicatrizar de forma natural.

El perdón

Hubo una etapa en mi vida en la que hice muchas cosas malas, fue durante mi adolescencia y siempre me sentí culpable; sobre todo el año 2020, en donde sufrí de depresión, a tal punto de no encontrarle el sentido a la vida. A pesar de todo, agradezco lo que he vivido y todo lo que estoy viviendo ahora, porque la mujer en la que me voy a convertir, después de todo esto, será *inquebrantable*.

Ese mismo año tomé terapia con el mismo terapeuta que tengo ahora, él me enseñó sobre el perdón, y más que nada el perdón hacia mí misma. Gracias a eso, a lo que él me enseñó, pude perdonarme y soltar ese pasado, ese que tanto me atormentaba, finalmente quedó atrás y pude seguir adelante. Tal vez, ahora debería perdonarme y no castigarme tanto por lo que hice, perdonarlo a él, pero me está costando tanto. Espero, y tengo toda la fe puesta en que, para cuando estés terminando el libro, yo haya podido perdonarme y perdonarlo.

Hace poco una amiga me dijo: "A veces no lo necesitas saber todo y es mejor que no sepas algunas cosas, que eso que quedó pendiente no perturbe tu mente, solo suéltalo".

Suena fácil, ¿no? "Solo suéltalo". No es fácil, pero sí es posible. La fuerza de voluntad es algo que las personas no toman en consideración a la hora de sobrellevar una ruptura, pero es algo fundamental, y más adelante les voy a explicar por qué. A pesar de que tengo mil dudas rondando por mi mente y el famoso "¿por qué?", sé que ella tiene razón, gracias Anto, por eso.

Hoy en la playa, viendo la puesta de sol, en mi mente rondaba la pregunta: "¿Qué es lo que hago aquí?", mientras dos amigos del hostal hablaban al lado mío, yo estaba en mi mundo, parte de mí estaba ahí y la otra no. Me sentía como una extraña viendo todo desde afuera, observando a las personas, los surfistas, los perros, el mar y su movimiento. No es primera vez que lo hago, ni que me pasa, hace poco fui a una fiesta, la que les conté en Tamarindo, y estuve bailando, pasándolo increíble por horas, pero luego recuerdos de él invadieron mi mente y su nombre tocó mi corazón. Comencé a ver todo desde afuera, como si mi alma hubiese dejado mi cuerpo. Dejé de bailar y empecé a ver cómo las personas bailaban pegadito, el DJ, los *bartenders* sirviendo cócteles, hombres coqueteando con mujeres y mujeres haciendo *twerk*. Una vez más me preguntaba: "¿Qué hago aquí?".

Josefina Delaveau Eguiluz

SI NO LO HAS VIVIDO

NO OPINES

@JOSEDELAVEAU

Mis amigas y más cercanos me consideran una persona muy despistada, de hecho mi mejor amiga me dice Dory, de la película "Buscando a Nemo". Se me olvida todo muy rápido, pero cuando son cosas importantes jamás olvido. Creo que se me olvida todo rápido porque muchas cosas están pasando por mi mente y siempre tengo algo que hacer, pasó haciendo cosas todo el día.

Esto qué viví y el dolor que me hizo sentir no se me va a olvidar y son este tipo de cosas las que me marcan, es como si quedaran tatuadas en mi alma y por más que quiera borrar el tatuaje, no puedo, queda una cicatriz.

Cuando estuve en Sint Maarten, trabajando con él, decidí hacerme un tatuaje y un día, superespontáneamente le pedí que me acompañara. El tatuaje dice *"Amar"*, y lo tengo tatuado en el hueso derecho de mi cadera. Yo quería que fuese algo sexy y él me decía que ese huesito era de él y que la r, era por su nombre. "El niño" siempre fue muy posesivo, me decía que yo era de él. Y así íbamos jugando diciéndonos: "Tú eres mío y tú mía". Siempre le dije que mi tatuaje dice amar por eso mismo, amar, pero también en honor al amor por el mar, y que la r del final era por su nombre.

Cada vez que veo ese tatuaje me recuerda a él y el momento en que me lo hice. Sin embargo, el tatuaje es mío y lo hice para mí. Debo admitirles que el solo hecho de habérmelo ido a hacer con él como mi compañía me mata. Siempre supe que estaría creando nuevos recuerdos que después me dolerían en el alma, ya sea ir con él a hacerme un tatuaje, ir de viaje a un lugar o cantar en el auto juntos, por eso me había acostumbrado a hacer todo sola y no dejar que nadie me acompañara a nada, porque estaría creando recuerdos, y recuerdos que después me dolerían, como ahora.

En fin, les cuento que hace poco me pedí hora en un Spa en Santa Teresa, quería hacerme una limpieza facial, así que hoy fui, me lo merezco. Que risa, el típico "me lo merezco" y luego mi cuenta bancaria llorando. Bueno, estamos haciendo una excepción, *¿okay?*

Ya me compré el pasaje de vuelta a Estados Unidos para el 20 julio, así que solo me quedan nueve días y no me quiero ir.

Capítulo once

¿Pasado pisado?

No sé ustedes, pero cuando queremos cerrar un ciclo con alguien tendemos a deshacernos de las cosas que nos recuerden a esa persona, y eso quise hacer yo estando en Estados Unidos antes de que volviéramos a hablar.

Quedaban pocos días para irme a trabajar a Bahamas, y yo, estando en Fort Lauderdale, decidí juntar todas las cosas que él me había regalado. Fui a mi bodega y saqué un vestido y la última pulsera que me quedaba de Costa Rica que él me había traído, eran dos, pero ya me había deshecho de una. Lo único que conservé que él me regaló fue el perfume Channel que me encanta, que aparte de oler muy rico, siempre recibo cumplidos por él, así que por lo menos algo bueno que me dejó, ¿no?

El vestido lo tiré a la basura, el anillo de ola con la piedra turquesa creo haberlo dejado en el yate en donde trabajábamos juntos, pero aparte eliminé todas las fotos de los dos, los mensajes, los chats y, por último, la pulsera la tire al mar. Era de noche, agarré mi moto y me fui a la playa, estaba muy pensativa, nostálgica y con ganas de tener un cierre, por un lado, sentía que, tal vez, deshaciéndome de las cosas que él me había regalado me ayudaría a olvidarlo más rápido y que toda la tristeza que yo tenía se iría junto con sus cosas. Pero no fue así, porque finalmente terminé en Costa Rica con él.

Me bajé de la moto y, antes de tirar al mar la última pulsera que me quedaba, comencé a mirar al cielo, dije una que otra cosa y, finalmente, me despedí de él.

Sé que se van a venir más pruebas a lo largo de mi camino y todo dependerá de mis acciones y cómo enfrente los obstáculos de ahora en adelante. Sé cómo funciona y habrá tentaciones, pero debo mantenerme fuerte y no dejar que los recuerdos invadan mi mente.

Volver a amar después de una ruptura

La primera vez que me rompieron el corazón fue cuando tenía 18, sin embargo, no me enamoré. Luego de eso pasaron 5 años hasta que conocí a "El Niño" y, por primera vez, ser vulnerable ante alguien. Pero no crean, a veces salía con alguien, sin embargo, a medida que pasaban los meses y los años, me iba poniendo más exigente y cerrándome más y más. Si no eran como yo esperaba, era un chao, adiós, sayonara. Les cuento lo más irónico de todo esto; "El niño" no tenía nada que ver con mis gustos y para nada cumplía con los "requisitos" que yo esperaba de la otra persona.

Digamos que cuando comienzo a salir con una persona y me gusta, puedo salir 1, 2, máximo, 3 veces, en un período de tres semanas, sí, tres semanas, pero es que la verdad no me da el tiempo, y es por mi trabajo. Sin embargo, el mayor problema no es ese, sino más bien que me aburro fácil. La persona me debe gustar demasiado como para durar meses, así como me pasó con "El Niño".

En menor porcentaje dejaba de salir con algunas personas por miedo a enamorarme y sentir dolor, así que hacía cosas para alejarlos. Siempre he sido muy clara desde un inicio, cuando busco algo serio lo digo y cuando no, le dejo saber a la persona que no estoy buscando nada serio que, si se cree lo suficientemente capaz de no involucrar sentimientos, podemos seguir, pero si no, que me lo diga de una vez, porque no quiero hacerle daño a nadie.

Finalmente, lo que termina pasando es que cuando yo quiero algo serio con alguien, ese alguien solo quiere pasar el rato y cuando yo busco pasar el rato, ellos quieren algo serio conmigo. Entonces, ¿cómo es la cosa? ¿Estoy viviendo en el mundo al revés o qué?

Así es como veo el estar enamorado. La hormona del amor que estaba durmiendo sale a decir hola y te vuelves adicta a ella, es como una droga, y si te la quitan te quieres morir o, bueno, en este caso, el amar a un narcisista se siente así, no te puedo hablar de relaciones sanas, porque jamás he tenido una.

El narcisista sabe muy bien cuándo decirte las cosas y de qué forma darte un poco de migajas para que tú produzcas esta hormona y te vuelvas adicta a ella. Los dependientes emocionales nos volvemos adictos a los narcisistas. La famosa oxitocina, te acostumbras a ella y a lo que te hace sentir, que cuando ya esa persona no está, no es que te haya roto el corazón, sino más bien, tu cuerpo dejó de producir esa hormona porque la razón principal que te hacía sentir tan eufórica ya no está a tu lado.

Cuando te enamoras por *primera vez*, es como estar en las nubes, somos ingenuos, damos todo de nosotros y nos entregamos por completo a la otra persona. Ese primer amor con el que, a veces, pensamos que vamos a pasar el resto de nuestras vidas, pero cuando todo se acaba, esa ingenuidad, esa confianza y todo lo que tenías para dar, cambia y ya no vuelves a ser el mismo que antes. Te vuelves más selectivo, hasta más desconfiado tal vez, ya no vas tan rápido y te das el tiempo de conocer a la persona.

Cuando "te rompen el corazón" por primera vez, y aun estando enamorada, se siente un dolor enorme, es una mezcla de desesperación, de sentir que te estás muriendo y es así como lo sentí esta vez. Él y yo terminamos muchas veces a lo largo de estos 6 meses, algunas veces yo y otras él, pero era como si me hubiese acostumbrado a sentir dolor, y ya el último mes, si él me hacía algo, ya no me sorprendía tanto como al inicio, mi desesperación iba disminuyendo más y más, cada vez me importaba menos. Lo único es que cuando terminamos definitivamente en Costa Rica todo lo que alguna vez fuimos, no sentí desesperación, no sentí ansiedad, ni me volví loca, sentí una tristeza enorme que salía desde mi estómago, sentí que me moría y lágrimas me sobraban, podría haber llenado unas cuantas botellas en toda esa semana que lloré día y noche.

Miércoles 12 de julio 2023.

Con "El Niño" todo había comenzado como una amistad, él vio quién era realmente yo; es decir, yo no tenía que contarle a la otra persona como era, él me vio de verdad, hay muy pocas personas que logran ver quién soy, solo mi familia y amigos de años saben cómo soy y eso fue lo que más valoré en un principio de él.

Me sentía cómoda hablando con él, desde un principio, no había silencios incómodos, tenía la confianza para contarle las cosas, fluyó y él no tenía que estar forzándome para yo contarle algo. Siempre pude ser yo y el solo hecho de creer que él me quería tal y como yo era, incluyendo mi ansiedad, me hacía quererlo cada día más, que viera cada detalle en mí, desde contar mis pecas, mis lunares, cuando comía chicle y no tenía un plato lo dejaba en el velador y él se reía y me decía: "Tú siempre dejando los chicles pegados por ahí".

Se fijaba en cada detalle. Ya les conté que yo chocaba con puertas o que me pegaba con la repisa arriba de la cama y esa era una de las cosas que me decía que más le gustaba de mí, mi torpeza e ingenuidad, pero fue lo que menos me sirvió para darme cuenta de quién era realmente. Confié mucho.

Esos detalles que yo pensaba eran de alguien considerado y detallista, observador y que presta atención a alguien que le gusta, no fue más que toda una farsa, me estuvo estudiando, cuáles eran mis debilidades, mis fortalezas, qué era lo que me acomplejaba, qué era lo que yo buscaba en un hombre y de ahí, poco a poco, me fui abriendo con él, confiando en él. Era como si se estuviese adaptando a mi estilo de vida o simplemente fingía ser esa persona que yo había estado esperando. De hecho, recuerdo un día en el que me dijo que él quería aprender a tocar guitarra, yo toco guitarra así como me dijo que quería tener su propio velero algún día, cuando yo antes le había dicho que eso era lo que yo quería. Es como el típico, a mí me gusta esto y el otro te dice: ¡Ayy!, a mí también, raro y sospechoso.

Me encuentro en un restaurante llamado "Somos", en Santa Teresa, Costa Rica con música en vivo. No he dejado de pensar en Francia, sí, Francia. Hace exactamente un año tenía pensado en irme a vivir a Francia, solo he ido una vez, pasé por Niza, que se encuentra en la Costa Azul y me enamoré de esa ciudad.

El año pasado me iba a ir a Francia en diciembre de vacaciones, pero finalmente decidí no ir y perdí el pasaje. Me postulé para una visa en Europa estando en Estados Unidos en julio del 2022, pero me la rechazaron, ya que me postulé estando ahí, cuando lo correcto debió haber sido ir a la embajada de Francia en Chile.

Cuando comencé este año a trabajar estando en el Caribe tenía una pirámide con una meta, necesitaba llegar a cierto monto para poder irme a Francia a finales de este año y sacar la visa *Work and travel*, todo esto antes de enamorarme. Luego me enamoré y vi Francia como una salida, un escape por si todo salía mal. Y acá estoy, las cosas salieron mal y estoy esperando a que se abra una hora en el consulado de Francia en Chile para sacar esa visa e irme, sin embargo, aún tengo dudas.

Trabajar en yates no es algo que me haga feliz y siempre le he dicho a la gente: "hagan lo que les hace feliz", ¿con qué cara yo les digo eso? Si mi trabajo no me hace feliz, se supone que, para decirles ese tipo de cosas, debo partir por mí misma, ¿no? Ni Estados Unidos es el lugar en donde quiero vivir, es más, nunca me he visto viviendo en Estados Unidos a largo plazo y llevo meses, podría hasta decir años, buscando mi salida de esta industria para encontrar otro trabajo que me permita trabajar *online* y así seguir viajando.

Desde que puse un pie en Niza sentí como si en otra vida hubiese estado ahí, sentí que era parte del entorno. Quiero poder explorar un poco más de Europa y, tal vez, solo así pueda ver realmente si ahí se encuentra el lugar al que algún día podré llamar hogar. Cuando fui a Europa me sentí parte de algo, como si perteneciera a ese lugar. ¿Qué ha sido lo más loco que has hecho por amor o por alguien que te gusta?

Le había mandado esta imagen a él, la primera semana cuando recién todo estaba comenzando, justo después del primer beso y aquí estoy pagando terapia. Hay una frase que dice: "El que rompe paga". Debería ser ley que el que te rompe el corazón, pague la terapia, ¿no?

HAY MANES QUE TIENEN CARA DE QUE NOS VAN A HACER PAGAR TERAPIA

Podrás mentirle al resto, pero no a ti mismo. ¿Alguna vez has reprimido tus emociones?

✓ ....

✓ ....

✓ ....

✓ ....

✓ ....

✓ ....

✓ ....

A veces pasa que hablas con una persona y le mientes. A veces puede ser con respecto a alguien o una situación, pero dentro quieres creer que lo que les estás diciendo es la verdad y no es así, algo dentro tuyo sabe que no. A la única persona a quien no puedes mentirle es a ti mismo. Cuando nos mentimos a nosotros mismos e intentamos convencernos de algo que no es, terminamos siendo esclavos, no solo de nosotros, sino también del resto.

NO DEBES ESPERAR A TOCAR FONDO PARA DARTE CUENTA QUE AHÍ NO ES

@josedelaveau

Hay personas que anteponen su moral antes que hacer lo que realmente quieren y otras que hacen lo que quieren dejando esa moral de lado. ¿Qué opinas? ¿Crees que los que dejan su moral de lado son personas egoístas?

Si _____

No ____

Mi abuelo siempre me ha dicho que uno puede hacer lo que quiera, mientras no pase a llevar al resto y después de todo lo que he vivido y he hecho, le encuentro la razón, es verdad, y yo pasé a llevar a muchas personas.

La primera vez que le conté a mi prima sobre "El Niño", fue después nuestra primera noche, aun sabiendo que él estaba casado, lo hice y me sentí mal. Para ese tiempo solo me gustaba y antes de conocerlo siempre fui de pensar: "No hagas lo que no te gustaría que te hicieran", y eso mismo fue lo que me dijo ella: "¿Te gustaría que tu novio te hiciera eso?", la respuesta es obvia, *no*, pero ahora sé lo que se siente y no se lo deseo a nadie.

Es muy loco cómo funciona el mundo, pero créanme que cada acto y todo lo que hacemos va a tener una repercusión en su futuro, sea bueno o sea malo, hay una respuesta por parte del universo. Es por esta misma razón que debemos estar conscientes en todo momento de lo que hacemos y decimos.

Ahora pensarán: "¿Con qué cara ella dice esto sí estuvo con un hombre casado y con hijos?". Claro, ¿cuál es mi moral? No la tuve, no tuve moral, ni respeto, pero aprendí, y aprendí a la mala. Quizás tú que estás leyendo este libro hiciste lo mismo, pero lo viviste de otra manera, porque sí, puede que te hayas involucrado en una situación como la mía, pero lo que tú sientes o lo que estás viviendo con esa persona es diferente.

Si eres alguien que está ahora con un hombre casado y estás con esa persona siendo su amante, quiero que me tomes de ejemplo y no lo pienses dos veces, sal de ahí, porque tarde o temprano, sea con esa persona o con alguien más, el karma te va a alcanzar, todo lo que empieza mal, termina mal y sé que tu cuerpo, tu mente y corazón intenta hacer todo lo posible para que esa persona se quede contigo, pero no, no lo hagas. El universo se encargará tarde o temprano, y mejor pagar con las consecuencias antes que tarde.

No quiero ser esa persona que te diga qué hacer, pero sí quiero ser esa persona que te dé un pequeño empujón en base a lo que yo viví con esta historia. Tómame de ejemplo y que desde ahí tú misma logres tomar la decisión, esa decisión que sé que te cuesta tomar y que no quieres, pero que, en el fondo, sabes que es la mejor.

¿Te has preguntado por qué aceptas ser la amante de esa persona que ya tiene pareja o que está casada? Yo te lo diré con tres palabras, palabras de las cuales siempre tuve conocimiento, pero que jamás tomé ninguna acción para cambiar mi situación: *"No te amas"*. Y sí, yo no me amaba y, aún no lo hago.

Alguien que se ama no acepta migajas de amor, ni mucho menos permite que le falten el respeto ni que alguien que disfrute hacer daño sea su pareja. Sin embargo, lo que pasa es que ese es el amor que creemos merecer y que, al fin y al cabo, *no es, ni nunca fue, amor*, eso no es amor y así lo aprendí yo, a la mala.

Lector, en el fondo tú y yo sabemos que te mereces lo mejor, pero no tomas acción, estás ahí revolcándote en tu dolor una y otra vez, pero basta. Yo fui muy masoquista, no lo seas tú también.

Si sientes que eres la única que pone de su energía, su tiempo y hace todo para que funcione, ¿estás luchando o aguantando? Luchar y aguantar son cosas muy distintas. La mayoría de las personas normalizan en sus relaciones el tener que luchar por el otro, así como lo hice yo, pero no está bien y no es normal. Todo esto indica que no estás luchando, sino más bien aguantando, ¿y aguantando qué?

Piénsalo, analízalo y responde:

✓ ....

✓ ....

✓ ....

✓ ....

✓ ....

✓ ....

✓ ....

Si es el caso y solo eres tú la que está poniendo de su energía y esfuerzo, te pregunto ahora: "¿Qué ocurriría si dejarás de hacerlo? ¿La otra persona hará algo? ¿Tendrá algún cambio?

Hay una posibilidad de que eso ocurra, pero debo ser honesta contigo, si todo este tiempo tú fuiste quien ha estado haciendo de todo por mantener esa relación viva, comunicándole tus necesidades, y si esa persona no cambió o no hizo algo para que sea más equitativo el dar y recibir entre ustedes, ¿por qué crees que va a cambiar ahora? ¿Crees que por mostrarle tu ausencia o pequeños actos de "mira me estás perdiendo", la indiferencia de él va a cambiar y de un día a otro va a intentarlo por ti?

Perdóname, pero como ya te dije, soy directa, digo las cosas sin filtro, ódiame o ámame, pero *eso no va a pasar*. Observa sus actos y piensa que es lo que estos te están comunicando.

Te voy a hacer una pregunta y la primera respuesta que se te venga a la mente la vas a escribir debajo. ¿Te ama realmente?

_____

Cualquiera te puede decir te amo, pero, ¿sus actos dicen lo mismo? Hay personas que no están preparadas para caminar a tu lado y otras que, simplemente, no están hechas para ti. Sin embargo, si no cierras esa puerta, te estarás cerrando a las miles de posibilidades y millones de puertas más que se pueden abrir si tan solo cierras esta. Lo sé, tienes miedo a cerrarla y a cerrar ese ciclo, pero, ¿lo has intentado aunque sea?

Está bien fallar, todos fallamos, tienes derecho a fallar. Mira, hagamos una prueba tú y yo. Voy a dejar un espacio con los 7 días de la semana. Hoy toma la decisión, haz el intento, enfócate en ti y en esas metas que, tal vez, dejaste de lado, pero esta vez piensa en *ti*.

A medida que pasen los días, con un lápiz, anda tachando cada día que no hayas hablado con esa persona, y cuando te digo no hablar con esa persona es un *contacto cero total*. Veamos cuánto dura todo esto, está bien fallar, somos seres humanos, pero debes intentarlo y yo te prometo que no hablar con esa persona te dará más paz, tranquilidad y libertad mental a que cuando estás con él.

Esto lo aprendí de una de mis amigas, yo misma lo puse en práctica, fallé muchas veces, como ya podrán ver, pero ahora llevo dos semanas, y a pesar de que hayan sido dos semanas con altos y bajos, mi mente está tranquila y sé que lo seguirá estando a medida que pase el tiempo, y no te miento, tal vez falle, como tal vez no, pero espero que no.

Tú, sea quien sea la persona que esté leyendo este libro, tienes que aprender a confiar, y no te digo que vaya a ser fácil, porque no lo es, pero te lo estoy garantizando, vas a estar bien. Te darás cuenta al final del libro que todo pasó, que no morí de amor y que si yo no morí de amor, ni personas que llevan casadas por años y viven esto mismo, tú menos, aunque en estos momentos no me creas en lo absoluto.

Lunes _____
Martes _____
Miércoles _____
Jueves _____
Viernes _____
Sábado _____
Domingo _____
¿Lo lograste?
Si ____
No____

Si no lo lograste, no pasa nada, puedes volver a empezar cuando quieras, y si no quieres hacerlo más, el tiempo te demostrará el por qué debías hacerlo.

Si lo hiciste y pudiste cerrar esa puerta por una semana, te recomiendo seguir con otra semana más hasta que, poco a poco, ya no quieras volver a atrás, ni volver a abrir esa puerta nunca más.

Viernes 14 de julio 2023.

Creo firmemente que es verdad eso de que cuando estamos vibrando alto atraemos gente que está vibrando alto también y que, si tú te estás amando, vas a atraer personas que van a amarte y respetarte también.

Hace dos días Jeff, un gringo que atiende en la tienda de motos, se detuvo a decirme: *"You are glowing"*, mientras yo iba en la calle, pero yo estaba con audífonos, así que me los saqué y le dije: "¿Qué cosa?", y me dice: *"You are always glowing"*, *glowing* en español significa brillar y no saben cuánto significó ese comentario para mí.

Hace una semana, o 10 días, me sentía muerta, apagada y pensaba que mi luz ya no existía, no sabía cómo iba a recuperarla, no obstante, día a día he comenzado a brillar nuevamente, me he vuelto a poner mis audífonos para ir bailando por la calle, he vuelto a tomar flores de los árboles y me las he puesto detrás de la oreja junto al pelo y he vuelto a vestirme de muchos colores con mis típicos rulitos al sol.

He recibido tantos comentarios buenos, tanto de mi luz, como de mi ropa, de mi personalidad y de mi esencia. Ayer fui a bailar y uno de los meseros del restaurante al que pase antes de ir al club, me dijo que me vio bailando en la calle, me preguntó que si yo bailaba y le dije que sí, me dijo que eso no se veía todos los días, que a la gente, por lo general, le daría vergüenza andar bailando en la calle, pero que a mí no y que eso era único, que tenía una luz muy especial.

No les miento, ese tipo de comentarios le pueden cambiar el día a alguien, y a mí, en lo personal, me han hecho feliz. De igual forma, no me quiero ilusionar, debo ser realista, han pasado dos semanas y sé que habrá días con altos y bajos, pero quiero aprovechar los altos al máximo.

Las personas, a veces, piensan que por viajar mucho tengo una vida perfecta y que soy feliz siempre, pero no es así, nadie es feliz siempre. Mi trabajo requiere de muchas horas de esfuerzo, trabajo físico y mental, sobre todo porque se convive con diferentes personas, con distintas culturas y edades, no todos vamos a pensar lo mismo y nos vamos a llevar bien siempre, se debe aprender a convivir y no siempre sale bien.

A mí me han hecho *bullying* a bordo muchas veces, sobre todo cuando comencé en todo esto y he aguantado, miren lo que digo: "he aguantado", no tendría por qué haber tenido que aguantar que me hicieran *bullying* ni mucho menos todo el tipo de humillaciones, tanto de la misma tripulación por ser latina o por ser gorda, sin embargo, dejé que me trataran de esa manera porque no sabía poner límites.

El año 2021 trabajé en un yate que navegaba por Europa, en donde los huéspedes vivían a bordo y estuve ahí por tres meses. Trabajé durante 14-15 horas diarias sin parar por esos tres meses, pero nadie hablaba de eso. Son cosas personales, mostrarse llorando, discutiendo con tu pareja o cualquier cosa que sea muy personal son eso, cosas personales, ¿quién se tomaría el tiempo de grabarse cuando estás discutiendo con tu pareja? Nadie...

Las personas pueden hacer lo que quieran y, a veces, veo videos de gente que pasa de estar llorando a estar muy feliz. Un proceso de sanación increíble que, en lo personal, me ha incentivado a mí misma a hacer uno y que me dio esperanzas de pensar que todo estará bien. Ver este tipo de videos muestra la realidad y confirma que nadie es feliz siempre, que todos lloramos, todos nos enojamos y que todos tenemos problemas.

Nadie es perfecto.

Capítulo doce

¿Personas ideales en momentos equivocados?

Sábado 15 de julio, escrito desde una heladería en Santa Teresa.

Hace dos días yo estaba en camino a un *minimarket*, eran como las 3 p.m., cuando veo delante de mí a dos hombres muy altos y veo a uno de espalda, rubio, con un bronceado precioso, parecía Ken de Barbie, estilo surfista. Ellos iban al mismo *minimarket*, cuando yo entré compré una Red Bull sin azúcar y ellos un filtro para café. Ya iba de camino a pagar, el rubio me sonrió y yo le sonreí de vuelta. Abro la puerta del *minimarket* para salir y me pongo a caminar de vuelta a mi hostal. Ellos comenzaron a caminar también, pero pararon afuera de un hostal que era donde se estaban quedando, y "Ken" se acercó y se despidió. Luego yo le pregunté: "¿Hablas español?", y bueno, él no hablaba español ni tampoco inglés, era de Brasil. Hablamos no más de dos minutos y al presentarse me dice su nombre, toma mi mano y le da un beso. Terminamos de hablar y entró a su hostal.

En mi mente me quedé pensando y me dije: "Bueno, cuando a alguien le interesa otra persona, le pide el número o Instagram y al parecer no le interesé", o eso fue lo que pensé: "Si lo tengo que volver a ver, así será", así que solo lo solté y apliqué mi nuevo lema: *"I don't chase, I attract, what belongs to me, will simply find me"*.

Eran alrededor de las 7 p.m. del mismo día y me comencé a arreglar para salir con unos amigos del hostal a comer. Cuando llegué al restaurante me quedé ahí unos minutos antes de salir a la terraza

116

para usar mi *vape*, hasta que uno de mis amigos sale y nos quedamos afuera conversando un buen rato, sin embargo, de la nada aparece "Ken" y sus dos amigos. Poco a poco se me fueron acercando uno que otro hombre que yo ya había conocido los días anteriores, y en mi mente yo me decía: "Nooo, aléjense de mí, quiero hablar con Ken", y bueno, finalmente todos entraron al restaurante y "Ken" se me acercó, junto con sus dos amigos, cuando ya todos habían entrado; ambos muy simpáticos y, finalmente, "Ken" me explicó porque no me había pedido mi Instagram o mi número y es que como él no hablaba mi idioma, no sabía cómo pedírmelo y pensó que en portugués no le iría a entender.

Yo, por lo general, hablo muy rápido, ya sea en inglés o español, pero hablando con él debía hablar más lento para que entendiese lo que le estaba diciendo y, no sé cómo, pero yo a él le entendía todo lo que me decía en portugués. Luego sus dos amigos decidieron volver al departamento a tomarse unas cervezas, mientras que nosotros estábamos esperando a que la gente del restaurante se fuera al club y así ir con ellos. "Ken" y yo nos quedamos conversando afuera del restaurante un rato más, cuando me pregunta: "¿Te puedo dar un beso?", le dije que sí y nos besamos. Mientras hablábamos me dijo que me veía muy linda natural, que cuando me conoció me encontró muy guapa, yo le dije que nunca uso maquillaje y que solo me arreglo para salir, me dijo que me veo muy linda así también, pero que mi belleza natural es mejor. Intercambiamos teléfonos y lo acompañé al departamento donde él se estaba quedando con sus amigos. Nos quedamos ahí un rato conversando todos, para luego irnos de vuelta a donde nos habíamos encontrado. Nos quedamos un rato más hablando afuera de un club al cual entraríamos más tarde a bailar. Sus amigos me contaron su versión de cómo fue cuando él me vio y me dijeron que él, al llegar al departamento, le dijo a uno de ellos que había visto a Angelina Jolie (yo), personalmente no me considero parecida o igual a ella, pero lo tomé como un cumplido muy bueno.

Ya estaba entrando la gente al club y todos nosotros comenzamos a entrar también. Él se compró unas cervezas y me compró a mí una botella de agua, porque sabía que yo no tomaba alcohol, así que le sostuve la botella de cerveza mientras él abría la tapa de mi botella. ¡Qué tierno! ¿No?

Esa misma noche alguien llevaba puesta esta polera y la encontré genial.

Al día siguiente quedamos en ir a ver el atardecer, pero yo ya estaba en la playa escribiendo un poco cuando, de repente, veo que me llega un mensaje de él, ya le iba a responder, pero se me acabó la batería y bueno, la verdad es que siempre me pasa lo mismo por nunca cargar el teléfono, siempre ando sin batería. Más tarde veo a uno de sus amigos sentado de casualidad atrás mío y se me acerca. Es muy simpático también, se ve que tiene buenos amigos. "Dime con quién te juntas y te diré quién eres".

"Ken" estaba surfeando en el agua y surfea muy muy bien, es campeón en su ciudad y a mí siempre me han gustado los surfistas, la diferencia es que él tiene un corazón humilde, no como los que he conocido, que son muy arrogantes y con el ego por las nubes. Luego de haber estado en la playa con él, fuimos todos a comer a un restaurante italiano. Al ser una persona muy de piel, al igual que yo, muchos abrazos y muchos mimos. Cada vez que mi vaso de agua quedaba vacío, él lo rellenaba para mí y es algo que valoro mucho en alguien, que note esos pequeños detalles, porque marcan la diferencia.

En fin, les sigo contando... Más tarde fuimos a su departamento y nos quedamos viendo películas él, su amigo y yo en la sala de estar, mientras que el otro amigo dormía arriba en la pieza. Yo aún tengo la herida en mi tobillo derecho, quedó un poco inflamado y con una costra enorme por el accidente en moto que les había contado, y él lo notó. Me senté en el sofá, justo al frente del televisor y al lado de su amigo, pero no podía estirar los pies, así que él tomó una silla, puso un cojín encima de ella, para así yo poder estirar mis pies. Aparte me trajo un vaso de agua y, no sé cómo explicarles, pero me sentí como una reina. Sin pedirle nada, se fijó en todo y cada gesto que él tenía hacia mí, ¡uff, me encantaba!

Ayer, hablando con mi terapeuta, le decía que yo lo encontraba atractivo, pero que lo encontraría más atractivo si no me pusiera atención, si no fuera tan bueno conmigo o si me tratara mal. ¿Se dan cuenta? Es por esto mismo que yo me doy cuenta de que no he sanado aún. La verdad, y creo que todos lo sabemos, nadie sana milagrosamente de un día a otro, es un proceso, sobre todo por la ruptura definitiva que acabo de tener hace unos días atrás, ni siquiera semanas o meses, estamos hablando de días.

¿Por qué es que me gustan los hombres que me tratan mal? Yo les digo, porque aún no me amo y soy consciente de ello, como también soy consciente que no estoy lista para una relación ahora.

Ayer en la playa le conté mi historia en resumen a uno de sus amigos, pero honestamente quería ser yo quien hablara con "Ken" de esto y no que llegase un amigo a contarle, ya que usualmente las cosas se malinterpretan. No me gustaría que él pensase que lo estoy usando como un clavo, y como les dije antes, me gusta ser clara desde el principio.

Querido lector, ¿te ha pasado que llega alguien ideal en el momento incorrecto? Cuéntame cómo fue.

✓ ....

✓ ....

✓ ....

✓ ....

✓ ....

✓ ....

✓ ....

✓ ....

✓ ....

✓ ....

✓ ....

Tu tiempo es oro

Tu tiempo es oro

Tu tiempo es oro

@josedelaveau

Hoy nos íbamos a ver, pero decidí pasar el día sola. He estado muy pensativa con todo lo que me ha pasado también, que la verdad no quise salir con nadie excepto mis *roommates* del hostal a comer. De hecho, él me había escrito para ir con ellos a comer, pero le conté mis planes. Iba a salir con mis amigas y, por cosas de la vida, me los encontré en el mismo restaurante al que habíamos ido antes, ese italiano, sin embargo, ahora yo estaba con mis amigas. Los saludé y él muy amoroso, se suponía que hoy yo iba a ir a una fiesta, pero no estaba muy segura de si ir o no. Decidí, finalmente, no ir.

Hace unos 20 minutos me encontraba en un bar con mis amigas. Los recuerdos de "El Niño" comenzaron nuevamente a invadir mi mente, ¿por qué cuando llega la noche es cuando más me acuerdo de él y cuando la nostalgia consume mi corazón? Durante el día me encuentro bien, pero son este tipo de momentos los que arruinan mi paz mental. Unos recuerdos comenzaron a llegar a mi mente, eran momentos de cuando vivíamos y trabajábamos juntos en el primer yate, estando en el bar; no pude quedarme más tiempo ahí, sentí una fuerte necesidad de volver para escribir esto, estar escribiendo todos los días se ha vuelto una clase de terapia para mí, siento que ver todos mis pensamientos por escrito me ayuda a entenderme más y entender la situación.

Capítulo trece

Mientras nadie sepa mejor

A veces tenemos proyectos, relaciones o situaciones y queremos que estas nos funcionen, pero a veces pasa que, por exponerlo mucho o contárselo a todo el mundo, las cosas no resultan. ¿Te has preguntado por qué?

No todo el mundo va a querer verte avanzar en la vida, ni mucho menos que seas exitoso, tampoco van a querer verte en una relación de pareja en donde seas feliz. La envidia existe, las personas quieren tener lo que tú tienes y, a veces, es mejor callarse, guardarse los proyectos para uno mismo y mantener tu relación con un perfil bajo.

En un principio quise mantener oculto este proyecto, este libro, pero luego, al darme cuenta de que, tal vez, puedo ayudar a otras personas, decidí comentarlo con amigos y conocidos, quién sabe, tal vez, están pasando por lo mismo que yo pasé, pero como es algo que no se puede ir contando así como así, nadie sabe de qué se trata realmente este libro.

Es verdad que duele salir de este tipo de relaciones, pero peor aún es quedarse en ellas, es más doloroso vivir en esas relaciones que estar fuera, porque, finalmente, créanme que se ve la luz al final del túnel. Cada uno va a su propio ritmo, unos más rápido que otros, pero se llega igual.

Hace dos días tuve sesión con mi terapeuta y hablamos de algo fundamental, que son las personas y las situaciones tóxicas, el por qué llegan a nuestras vidas diferentes personas, pero terminamos viviendo lo mismo que vivimos con la anterior y es algo que les había comentado antes.

He tenido muchos amores pasajeros viajando, muchos casi algo y solo dos relaciones serias, ya que esta última la consideraré como tal. De todas estas casi relaciones o relaciones, viví prácticamente lo mismo, con la diferencia que ahora sí me enamoré y en las demás no. La pregunta que yo le hice a mi terapeuta fue: "¿Entonces Dios va a seguir poniéndome este tipo de personas para probarme y ver si es que aprendí o no?". Me dijo que sí, puede que no solo sea una, sino varias y también puede ser que "El Niño" vuelva, pero dependerá de mí, a como reaccione yo ante su regreso. Esta vez debo aprender a identificar a este tipo de personas antes de enredarme más y llegar a tocar fondo, como lo hice en esta relación. Ahora, "¿cómo podemos identificar a este tipo de personas, manipuladoras y narcisistas?", fue que yo le pregunté y me dijo:

—Primero vas a ver un lado de lo que son ellos y vas a creer que eso es todo, sus detalles y la forma de ser contigo, vas a quedar encantada, pero un día te preguntarás qué pasó, quién es esta persona, sintiéndote un poco sorprendida porque pensabas que él no era así, pero la verdad es que él siempre fue así, solo que no te había mostrado ese lado y tú te quedas ahí pensando en que fue solo una vez y que no habrá más. En otras palabras, aguantas mientras la otra persona sobrepasa tus límites, que en este caso no pusiste. Ya lo que debes hacer cuando veas esto mismo en alguien, este cambio de actitud una sola vez, es decir "hasta acá", y te vas.

Dicen que si te encuentras una pluma, tus ángeles te están cuidando.

Escrito martes 18 de julio a las 7:43 p.m., desde Heladería Gaucha, Santa Teresa.

Hace tres años me encontraba mochileando en Ecuador y conocí a alguien muy especial con una visión sobre la vida media extraña, pero a pesar de no haber pasado mucho tiempo con él me dejó una enseñanza que nunca puse en práctica y que al ir escribiendo este libro recordé. Me acuerdo de que él no le hablaba a todo el mundo y cuando amigos míos lo saludaban él se alejaba, o solo no seguía la conversación. Un día me acerqué a él para preguntarle por qué hacía eso y me dijo:

—El solo hecho de hablar con una persona es un intercambio de energía y las personas no le toman el peso a esto. No sabes qué situaciones estará viviendo esa persona o en qué está metido, qué energía es la que está trayendo, si es buena o es mala, no lo sabes o, peor aún, si estás hablando con alguien que no es feliz en su vida, es un desgaste energético para ti si accedes a seguir hablando con estas personas, porque, por lo general, las personas intentan convencerte de lo contrario, y en este caso, al hablar con alguien que no conoces y que no es feliz, te comenzarás a preguntar por qué, si la vida no es tan terrible tampoco. No, no lo es, pero intentarás convencer a esa persona de que la vida es maravillosa y que tiene muchas cosas lindas por descubrir o hacer. Esta persona ya te ha dejado en claro que no es feliz y lo más probable es que no hayas sido el primero en hacerlo cambiar de opinión, entonces, vas a estar hablándole a una muralla por horas, una muralla que no va a hacer nada con lo que le dijiste y tú, por otra parte, vas a haber perdido tu energía y, por sobre todo, tu tiempo intentando convencer a la otra persona de lo contrario.

Hay cosas en las que estuve de acuerdo y otras en las que no, porque si nos cerramos a hablar con extraños cómo vas a conocerlos realmente. Entiendo el lado de las energías, porque creo en ellas, pero esta se puede proteger y si eres vulnerable energéticamente ante otras personas, es obvio que la van a absorber, así como me pasó a mí. Es parecido a los encuentros sexuales, sin embargo, un encuentro sexual con alguien que no conoces puede afectar tu energía de una forma que no te imaginas. Esa energía queda en nosotros por 7 años, a menos que te hagas una limpieza energética y así poder cortar vínculos.

Ayer en la noche fui a tomarme un mojito sin alcohol con Alberto, un amigo chileno y escritor. Estábamos él, un gringo de su hostal y yo. Nos pusimos a hablar de varias cosas muy interesantes y que, de hecho, gracias a ellas mi mente se volvió media loca y acá estoy escribiendo esto, luego de haber pasado horas y horas hablando con ellos hasta que cerraran el resto bar.

Cuando estás rodeado de personas que no han logrado lo que tú o que son menos exitosas que tú, sientes que ya lo tienes todo y que eres poderoso, pero, en cambio, cuando estás con gente que es más exitosa que tú o que es ambiciosa y que no se queda en su zona de confort como los otros, te dan ganas de ir a por más.

Son esta la clase de personas de las cuales tú deberías estar rodeado. Son el tipo de personas que estimularán tu cerebro y te pondrán a prueba muchas veces. Tu cerebro comenzará a activarse y rodeado de esa gente llevarás tu mente al límite.

Tú mismo, solo por estar en ese ambiente, te van a venir unas ganas de avanzar en la vida e ir más allá. La verdad es que, en mi humilde opinión, ser ambicioso no es malo mientras sea en una sana medida. Ser realista y entender que la vida tiene matices, que no todo es blanco o negro te hará muy sabio y más flexible, como también entender que habrá fracasos a lo largo del camino y que no siempre va a salir todo como tú quieres. Fracasarás una y otra vez, pero en algún punto lo lograrás, debes tener confianza en ti mismo y de tus capacidades, porque de eso se trata el camino, de cuánta constancia y perseverancia tengas para conseguir esas metas que deseas cumplir.

Hablando con Alberto y el gringo, comenzamos a hacernos varias preguntas, y una de ellas me llamó la atención. ¿Te has preguntado cómo puedes llegar a conocer a alguien emocionalmente en la primera cita? Bueno, has esto: coméntale una situación difícil y pregúntale cómo reaccionaría ante ella; con su respuesta ante esta situación verás si es paciente o impaciente, si es lo suficientemente fuerte mentalmente o si también tiene tolerancia a la frustración y ya con estas respuestas verás si esa persona es madura emocionalmente o no, como también mentalmente. Por otro lado, podrás sacar otro tipo de conclusiones que te llevarán a decidir si quieres volver a salir con esta persona nuevamente.

Querido lector, déjame preguntarte algo, cuando sales con alguien por primera vez, ¿cuáles son las tres principales preguntas que le haces?

✓ ....

✓ ....

✓ ....

✓ ....

✓ ....

✓ ....

✓ ....

✓ ....

✓ ....

Si quisieras saber qué relación tiene esa persona con sus padres, podrías preguntarle si sigue viviendo con ellos, cada cuánto tiempo se comunica con ellos o si es que ya es independiente y vive solo, cada cuánto los visita o cómo fue su relación con ellos cuando se fue de su casa y cómo es ahora.

Capítulo catorce

Miedos

Todos le tenemos miedo a algo, a ser malheridos nuevamente, a las alturas, a la muerte, a ser vulnerable, en fin, le tenemos miedo a muchas cosas, pero ¿se te hace fácil admitirlo? Ayer conversando con mi amigo Alberto, me di cuenta de que sí, es verdad, todos tenemos miedos y miedos diferentes, sin embargo, a veces no son fáciles de admitir, sobre todo los hombres y ya les hablaré de ese tema.

Hace poco hice una encuesta en Instagram para interactuar un poco más con futuros lectores, pero, a su vez, para que me contaran cuáles eran sus miedos y sacar una conclusión de todos ellos. Gracias a esta encuesta encontré respuestas como: "morir solo, morir pobre o quedarme sin nada y ser pobre", "miedo a dejar de sentir", "miedo a perderme en el pasado o futuro y olvidarme del presente", "miedo a la muerte de un ser querido sin haberme despedido", pero uno de ellos me llamó la atención. Hombre de 30 años contesta: "Miedo a no tenerle miedo a nada".

La mayoría de los hombres han sido criados para ser el proveedor de la familia, que llorar es de débiles y tener miedo te hace menos fuerte. Creo que, debido a esta presión ejercida por los padres o familiares, logran que, finalmente, el hijo al ser mayor no pueda expresarse de la forma que realmente quiere y se guarda todo por miedo al qué dirán.

¿Será que las antiguas generaciones deben adaptarse a esta nueva era y su forma de pensar, o somos nosotros los jóvenes quienes debemos mantener vivo los antiguos métodos de conquista?

Antiguamente, en los años 60, existían los teléfonos, pero no todos tenían los medios para conseguirlos, había poca disponibilidad e instalarlos se demoraba meses, por lo cual la comunicación telefónica era muy escasa, debía ser en persona si se quería cortejar a una mujer. En esos tiempos no se saludaba de beso, solo con familiares, y si eran amigos se daban la mano. Las niñas no usaban pantalón, usaban falda y si iban a la playa usaban vestido. Los hombres, o la mayoría de ellos, le abrían la puerta del auto a la mujer y caminaban del lado de la calle como símbolo de protección.

El otro medio de comunicación que existía en esos tiempos eran las famosas cartas, pero se demoraban en llegar una semana o 15 días, dependiendo de donde las mandaran, y cuando los hombres conocían al padre de la mujer, siempre se les trataba de usted; y lo mismo pasaba con el padre del hombre, se le trataba de usted, excepto a la madre, en su gran mayoría. La palabra respeto predominaba en los años 60. Hablando con mi abuelo, papá de mi papá, me contó esto:

—En mi época había más restricciones, nosotros íbamos a tomar té a la casa de nuestra pareja y creo que ahora la juventud disfruta más. Antiguamente las parejas no se daban besos en frente de sus padres y la mayoría de las mujeres llegaban vírgen al matrimonio.

De hecho, en los años 30, algunos países colgaban las sábanas al día siguiente de la noche de bodas para demostrar que la novia sí había llegado vírgen al matrimonio, y si no era así podían repudiarla. Un gran ejemplo es cuando la princesa Diana se casó con el actual Rey Carlos, a ella le hicieron una prueba para ver si había llegado vírgen o no a su propio matrimonio. Mi abuelo siguió explicándome:

—Antiguamente los matrimonios duraban para toda la vida o en su gran mayoría. No se hablaba mucho de la sexualidad y el hombre tenía más libertad. Si una mujer engañaba a su marido era más repudiada a que si un hombre la engañaba a ella. El solo hecho de que una mujer estuviera separada era mal visto y no las invitaban a reuniones sociales, ya que las mujeres que eran casadas pensaban que les iban a robar a su marido. El divorcio casi no existía y las mujeres se aguantaban hasta los últimos días de su vida, aunque no fueran felices.

Otra de las preguntas que yo le hice fue:

—¿Te gustaría rescatar algunas tradiciones de tu época o te gusta cómo las cosas funcionan hoy en día?

—Sí, echo de menos el romanticismo, la educación y el respeto. Si una mujer llegaba a una reunión social y los hombres estaban sentados en una mesa, nosotros nos parábamos por respeto a ella, al igual que con la gente mayor. En una sala de clases, si entraba un profesor, los alumnos se paraban. El profesor era la autoridad y le debíamos respeto. Hoy en día no es así, sin embargo, lo que sí me gusta de ahora, la actualidad, es que los niños tienen derecho a tener opinión, a expresarse, porque antiguamente los niños no podían expresarse, la sociedad les impedía expresarse como ellos querían, el poder manifestarse y expresarse libremente es algo que en nuestra época no existía.

Ahora, si bien en esa época el romanticismo jugaba un rol fundamental, hoy en día se ha ido perdiendo y ¿será que la crianza de estas nuevas generaciones tiene algo que ver con todo esto? ¿Estarán haciendo un buen trabajo? ¿Será que la tecnología llegó para empeorarlo todo? ¿Por qué las nuevas generaciones no han hecho nada para mantener viva la cultura romántica?

Todos añoramos sentirnos amados y respetados. Tener a alguien que nos dé confianza y seguridad, pero mucha gente, a su vez, desea solo lo material dejando de lado estas cosas que son fundamentales para construir una relación sana. Es la conveniencia, la vulgaridad y el interés lo que predomina hoy en día en nuestra sociedad. Te hago una pregunta a ti, querido lector, en tu opinión, ¿qué se necesita para tener una relación sana?

✓ ....

✓ ....

✓ ....

✓ ....

✓ ....

✓ ....

✓ ....

✓ ....

✓ ....

Te digo lo que yo pienso:
1. **Amor.**
2. **Respeto.**
3. **Lealtad.**
4. **Confianza.**
5. **Comunicación.**

Capítulo quince

Escape

Escrito 24 de julio.

Aquí vamos de nuevo. Llegué hace cuatro días a Estados Unidos y muchas cosas han pasado. Un día antes de tomar el avión, iba en camino a San José desde Santa Teresa y decidí quedarme a dormir en el aeropuerto junto a una chica que había conocido en el hostal de Santa Teresa, para así ahorrarme el hotel y la van al día siguiente.

A llegar al aeropuerto de Fort Lauderdale hablé con un muy buen amigo mío, que me fue a buscar y una de mis amigas que se encontraba en Fort Lauderdale, quien me ofreció alojamiento por unos días con ella. Esta misma amiga me dio trabajo por dos días para ayudarla con la lavandería. Créanme que Dios es grande, estas dos personas siempre han estado para mí en momento difíciles, ella sobre todo. Mi amigo me ha ayudado muchas veces también, sobre todo a finales del año pasado. Yo estuve con bronquitis sin poder trabajar por tres semanas y debía una cantidad enorme de arriendo, estaba volando en fiebre, había perdido la voz y, al toser, mis costillas, junto con mis músculos abdominales, se contraían tanto que llegaba a llorar del dolor.

Sin Receptor, no hay mensaje y sin un emisor tampoco. El volvió y ya no habia un receptor. El mensaje nunca existió

Josefina Delaveau
@josedelaveau

Gracias a un seguro de salud que mis papás tenían contratado en Chile, un doctor llegó a verme y me recetó muchos remedios, los cuales no podía ir a comprar, porque para ese entonces no tenía ni auto, ni scooter y la fiebre no me dejaba ni pararme de la cama, así que mi amigo fue a comprarlos, aparte trayéndome una Gatorade y mis chocolates favoritos de regalo.

Es por esto, y muchas otras cosas, es que tengo amigos contados con la mano, y así como dice el dicho: "Amigos hay pocos, conocidos muchos". Sabrás quienes son tus amigos reales en este tipo de situaciones, cuando necesitas una mano. Observa bien quienes se quedan y quienes se van.

Hace unos días atrás decidí salir, me sentía enojada y con ese pensamiento de: "¿Cómo pude ser tan tonta?", y sí, a veces pasa.

Estuve en etapa de negación por mucho tiempo mientras estuve en Estados Unidos antes de viajar a Costa Rica y caer en cuenta que él no era quien yo creía, que me mintió y manipuló todo este tiempo, me ha dejado con un sabor amargo, una ira en mi interior enorme. En el fondo, como siempre les he dicho, algo adentro mío me estuvo advirtiendo de él desde un inicio, pero era yo quien quería creer que él no era así y que nunca fue así, sin embargo, esa era su verdadera forma de ser. "El niño" que yo vi en Costa Rica fue quien siempre fue.

Recuerdo haber llamado a mi mamá un día estando a bordo del Sport Fish boat y ella ya sabía lo que estaba pasando. Esto ocurrió cuando él y yo ya estábamos juntos oficialmente, antes de que él subiera esa foto a su Instagram hablando de la familia. Yo juraba que él era mi alma gemela, pero luego de eso toda esa ilusión y certeza que yo tenía con respeto a esa relación quedó atrás, le dije a mi mamá que, en el fondo, algo me decía que no era él, me sentía confundida y le comencé a decir que no podía soltarlo, le pregunté que si yo iría a estar bien si lo soltaba y me dijo que sí. Le hice prometérmelo y no he muerto en el intento, así que, mamá, gracias, tenías razón.

Dicen que no se muere de amor, ella siempre me decía: "Jose no te vas a morir de amor, hija, vas a estar bien". Yo pensaba que sí me iba a morir si él no estaba en mi vida, no veía mi vida sin él y la verdad es que si me dolió, no lo voy a negar, si sentí que morí, emocionalmente, mentalmente, de todas las formas yo morí, excepto físicamente. Acá estoy, volviendo a vivir, volviendo a sonreír y aprendiendo a caminar nuevamente. La tristeza se ha estado quedando atrás y las preguntas que llegaban a mi mente, como: "¿Qué hice mal?", junto con la culpa también. Lo que siento ahora es rabia, y rabia por no haberme dado cuenta antes, rabia por haber dejado que me vean la cara de estúpida.

Me imagino que a más de uno de ustedes les ha de pasar que dejan que el tiempo haga de las suyas y se preguntan: "¿Cómo me pude enamorar de esta persona?". Es esta misma pregunta la que me he estado haciendo los últimos días.

Últimamente mi cabeza da vueltas con ideas de lo que voy a hacer, proyectos, este libro, mi trabajo, mudanzas, amores, todo. En fin, dicen que cada 25 años nos viene una crisis existencial, pero yo tengo una de esas cada tres meses. ¿Será normal?

Para los que ya me conocen saben que soy amante de la astrología y para los que no, bueno, ya, poco a poco, se irán dando cuenta de cuánto amo todo el tema de los signos, los planetas y la luna. Está comenzando Venus retrógrado, así que, como siempre, le echaré la culpa de todos mis bajones y fuertes recuerdos a él, como también lo he hecho con Mercurio retrógrado anteriormente. Mercurio comienza a retrogradar a finales de agosto y ese, ese sí que me afecta a mí, es mi enemigo mortal.

¿Qué es lo que te hace feliz? Si tuvieras la oportunidad de dedicarte a algo, ¿qué sería? Si me preguntas a mí, sería poder trabajar desde donde sea y ser dueña de mi propio negocio. Una nómada digital no más.

A veces, de niños, decimos: "Quiero ser bombero" o "quiero ser policía", luego crecemos y todo cambia. Algunas personas siguen con esos mismos sueños de la infancia, pero no los concretan y lo entiendo, dedicarse a lo que uno le gusta, a lo que nos apasiona no siempre es fácil, ya que esto implica sacrificar otras cosas.

Digamos que estás en un trabajo que no te gusta, pero te da estabilidad y solvencia económica. Para ser feliz y hacer lo que te gusta debes arriesgar, lo sé, pero, ¿qué pasa si no tienes ahorros? ¿Quién nos asegura que ese nuevo proyecto o este trabajo nos va a dar dinero y esa estabilidad económica que teníamos antes? Nadie.

De eso se trata, de arriesgar, unos se demoran más que otros, pero fíjate en los emprendedores, ellos eran como nosotros o, tal vez, *tú,* que estás leyendo este libro, eres un emprendedor y antes de convertirte en emprendedor trabajaste para alguien más; no te gustaba tu trabajo, querías poder tener el control de tus tiempos y no eras feliz. ¿Qué fue lo que hiciste? ¿Sacrificaste unos años o unos meses antes de renunciar? Obvio, eso sería lo más responsable, ¿o renunciaste sin tener ahorros y mandaste todo a la mierda?

En un mundo como en el que vivimos, los adultos que dejan su trabajo estable sin tener ahorros son unos irresponsables, sin embargo, ¿por qué seguir aguantando en un lugar en donde no somos felices? ¿Por qué seguir postergando nuestra felicidad? ¿Me vas a decir que trabajar para alguien desde las 8 de la mañana a las 5 de la tarde en una oficina te hace feliz? ¿No sería mejor trabajar desde la comodidad de tu hogar, con tu familia e hijos? O ni siquiera desde tu hogar, imagínate ser tu propio jefe y que, por fin, eres libre de decidir cuándo trabajar, dónde trabajar, cuándo no parar, que seas tú quien decida desde qué hora a qué hora vas a invertir tu tiempo en el trabajo. ¿Qué vida no?¿Qué vas a hacer para cambiar tu realidad?

✓ ....

✓ ....

✓ ....

✓ ....

✓ ....

✓ ....

✓ ....

✓ ....

✓ ....

✓ ....

✓ ....

Capítulo dieciséis

Te toca a ti

Este capítulo es para ti y va a ser solo sobre ti. Verás preguntas sobre tu pasado, presente y futuro. Recuerda que a quien no puedes mentirle es a ti mismo.

Mi primer

Mi primer amigo:

Mi primer trabajo:

Mi primer amor:

Mi primer beso:

Mi primer viaje:

Mi primera vez:

Mi primer corazón roto:

Mi primera adquisición:

Mi primera escuela:

Mi primer cóctel:

Viajando al pasado

La persona que he amado más:

DUELE IRSE, PERO MÁS DUELE QUEDARSE

@JOSEDELAVEAU

La persona que más ha impactado mi vida:

Lo más difícil que he tenido que hacer:

Me arrepiento de:

Si tuviera que cambiar algo, sería:

Fui más feliz cuando:

Nunca perdonaré:

Lo más loco que he hecho:

La peor mentira que dije fue:

El mejor acto de generosidad:

Me gustaría haber dicho lo que pensaba en:

Tuve miedo cuando:

Qué lugar me dio paz en momentos de estrés:

Quién me dio una mano cuando más lo necesitaba:

Yo soy:

Paciente   o   Impaciente

Generoso   o   Egoísta

Humilde   o   Arrogante

Cálido   o   Frío

Tranquilo   o   Ansioso

Flexible   o   Testarudo

Optimista o **Pesimista**

Honesto o **Deshonesto**

Responsable o **Irresponsable**

Leal o **Desleal**

Estable o **Inestable**

Respetuoso o **Irrespetuoso**

Ambicioso o **Cómodo**

Ordenado o **Desordenado**

A veces me gusta escribirme cartas a mí misma, ya sea a comienzos de un año o a finales, para luego leerla un año después y ver que tanto cambié, si fue para bien o si fue para mal, o si logré las metas que me había puesto a principios de año. Hago una introspección para ver qué ámbitos de mi vida puedo mejorar.

Escribe una carta de ti para ti con fecha actual y vuelve a leerla en un año.

Aquí vamos:

✓ ....

✓ ....

✓ ....

✓ ....

✓ ....

✓ ....

✓ ....

¿Evolucionaste? ¿Mejoraste? ¿Retrocediste? ¿Cumpliste tus metas?

✓ ....

✓ ....

✓ ....

✓ ....

✓ ....

✓ ....

✓ ....

Y, por último, el *futuro*. Manifiesta eso que tanto quieres y escribe eso que tanto anhelas para tu futuro.

✓ ....

✓ ....

✓ ....

✓ ....

✓ ....

✓ ....

✓ ....

✓ ....

✓ ....

✓ ....

✓ ....

✓ ....

✓ ....

✓ ....

Capítulo diecisiete

¿Astrología o trampa mental?

Como ya les había contado, tenemos a Venus retrogradando, ¿qué quiere decir esto? Que estamos más en contacto con nuestras emociones y estas se intensifican.

Por otra parte, cuando ya habíamos pensado superar a esa persona y haber cerrado ese capítulo, llega Venus para revolucionarlo todo. Nos ponemos más pensativos, nuestras emociones están a flor de piel, los pensamientos vienen a darle vuelta, una y otra vez más, a lo mismo. Venus retrógrado viene para que revisemos qué es lo que queremos en nuestras relaciones y qué no, qué es lo que debemos soltar y quiénes queremos que sigan en nuestras vidas también. Estamos más sensibles y tenemos la tendencia de volver a tener en nuestra mente a esa persona que pensamos que habíamos dejado atrás.

Déjenme decirles que así me pasó a mí, me llené de ira hace tres días a la 1 de la mañana, recapitulando todo lo sucedido, desde principio a fin, con "El Niño". Estaba intranquila, quería gritar de toda la rabia que tenía acumulada. Estando en la *crew house* en Fort Lauderdale, Estados Unidos, luego de tres semanas de contacto cero total. Mi mente, corazón y cuerpo colapsaron en un odio, ira, enojo e impulsividad.

Y RECUERDA..

UNA RELACIÓN ES COMO UNA
INVERSIÓN DE NEGOCIOS .
SI NO RECUPERAS LA
INVERSIÓN DESPUÉS DE UN
TIEMPO, ENTONCES
CONSIDÉRALO UNA PÉRDIDA.

LAS RELACIONEES SON
IGUALES
¿ ESTÁS INVIERTIENDO TU
TIEMPO EN EL LUGAR
CORRECTO?

"DE DESAMORES, LA VIE"
JOSEFINA DELAVEAU

Recordemos que solo quiso dejarme una imagen linda de él, porque así él me hacía creer que era bueno y que sacrificaba su felicidad por la mía. Su imagen y lo que hablen de él es lo único que le importa, así que dejándome esa imagen de "soy un ángel" yo no podía hablar mal de él. Pero se equivocó, atrapé al ángel caído y siempre fue un demonio.

Desde un inicio yo sabía que este proceso iba a ser de altos y bajos, de errores y fracasos. La luz al final del túnel no está muy lejos. Iba caminando, solo me detuve y ahora a seguir mi camino hasta encontrar luz.

Venus retro comenzó el 22 de julio y termina el 3 de septiembre. Mercurio retrógrado entra el 23 de agosto hasta el 15 de septiembre, haciendo que la comunicación entre parejas, amigos o familiares se vea afectada, que los vuelos se retrasen o cancelen, y que la tecnología falle.

Situaciones del pasado vuelven a tus pensamientos para que les hagas una introspección y, según dicen los expertos en astrología, no es bueno comenzar relaciones amorosas cuando Venus está en retrogradación, porque no van a durar mucho, ni tampoco volver con los ex, porque después se arrepienten y dicen el típico: "¡Ay! ¿Para qué lo hice?".

En mi caso personal, no volvería con él ni aunque me pagasen 10 mil dólares.

Sé que soy fuerte, pero esto ya no es fuerza de voluntad, ya no es cosa de aguantarme o no para escribirle, es que ya no quiero, lo he mantenido bloqueado de todas partes y así seguirá. Yo dejé todo en manos de Dios, pero ahora que mi mente ha ido uniendo las piezas y me voy dando cuenta de todas las mentiras, se me hace casi imposible no sentir rabia. Solo me queda confiar en que la vida se hará cargo de él y, aunque me cueste hacerlo, debo hacerlo por mi bien, porque si no lo hago, no voy a soltar esta situación nunca.

No me considero una mala persona y, a pesar de que tengo super claro que lo que hice estuvo mal, haber estado con un hombre casado, y más encima narcisista, me dejó una gran lección y de eso estoy agradecida. No puedo decir que me arrepiento de haberlo conocido, porque de no ser así no sabría cuáles son mis límites ahora en una relación, qué es lo que toleraré y qué es lo que no. Tal vez esta situación sí era parte de mi aprendizaje en esta vida.

Josefina Delaveau Eguiluz

BUENOS
Días

POCO A POQUITO ME LEVANTÉ,
CADA MAÑANITA UN CAFÉ,
MIRANDO MI REFLEJO EN EL
ESPEJO,
CADA DÍA UNA LÁGRIMA MENOS,

ME DECÍAN VERÁS QUE EN LA
VIDA TODO ES PASAJERO,
UNOS VAN Y OTROS VIENEN,
PERO NADA ES PARA SIEMPRE

@josedelaveau

Capítulo dieciocho

Un nuevo despertar

Dicen que la clave del éxito es la constancia. ¿Cómo vas a ser constante haciendo algo que no te gusta? Ya llevo casi tres años en esta industria de los yates y no duro más de 3 o 4 meses en un trabajo, no puedo. Lo máximo que he durado en uno ha sido 6 meses.

A veces pienso esto para automotivarme: "Esto que estoy haciendo es mi motor para llegar a la meta final, no es para siempre, no me encontraré siempre en la carretera manejando, deberé parar en algún minuto, ya sea para recargar con combustible o hacer algunos ajustes para luego seguir manejando y llegar a la meta final".

Pero tengo miedo, no quiero tener 30 años y seguir en esto, no me hace feliz y deseo con todo mi corazón encontrar algo que me apasione de verdad. ¿Cuánto nos podemos demorar en llegar a la meta? Depende de la constancia y perseverancia que pongas en el trayecto.

Dicen que se necesita de 21 días para comenzar a olvidar a alguien, pero no debes hablar de esa persona con nadie, ni de lo que sucedió, porque si no seguirás manteniendo vivo su recuerdo.

Te voy a hacer un reto, es el siguiente: te propongo hacer lo mismo que ya habías hecho anteriormente, ¿te acuerdas? El contacto cero por una semana, pero esta vez quiero que no hables de tu ex con nadie por 21 días. ¿Te crees capaz?

El reto comienza hoy sábado 21 de julio. Anda marcando con un *check* día por día, verás un listado de 21 días. *Tú puedes.*

1:................... 11:.................... 21:....................

2:................... 12:.................... 22:....................

3:................... 13:.................... 23:....................

4:................... 14:.................... 24:....................

5:................... 15:.................... 25:....................

6:................... 16:.................... 26:....................

7:................... 17:.................... 27:....................

8:................... 18:.................... 28:....................

9:................... 19:.................... 29:....................

10:................... 20:.................... 30:....................

Escrito un sábado 21 de julio en camino a Bahamas.

Voy rumbo a Bahamas nuevamente, les escribo desde el bote en medio del mar, pero esta vez con el manager del bote con en el que trabajé durante un tiempo en el caribe, el famoso Sport Fish Boat. Este es un trabajo temporal hasta el 8 de agosto y nos vamos a quedar en un hotel mientras que el yate se queda en la misma marina en donde está el Sport Fish Boat, el Viking en donde trabajé con "El Niño". Siento que todo ha cambiado. ¿Quién iría a pensar que todo terminaría así? ¿Verdad?

Tengo muchos recuerdos en ese yate, en ambos, en el yate principal también, pero, sobre todo, en el Sport Fish, el cual pude llamar hogar por algunos meses. La verdad es que no quiero ver ese bote, no quiero que se me cruce, no quiero pensar en las emociones que van a venir a mi corazón o a mi mente si lo llegase a ver, porque siento una mezcla de emociones al recordar todos los momentos que viví ahí dentro.

Es como si estuviese retrocediendo, a veces lo pienso así. Recuerdo que era abril y "El Niño" había renunciado, nosotros tuvimos un viaje con huéspedes después de que él se fuera y antes de que yo renunciara en Bahamas. Cuando él se fue, Mercurio retrógrado había llegado, ese mismo día debíamos hacer un cruce desde Sint Maarten a Bahamas, haciendo una parada en República Dominicana, el mismo cruce que hicimos cuando nos conocimos, pero esta vez íbamos de regreso y sin él.

Ahora siento algo parecido, como si estuviese retrocediendo, pero, tal vez, no es así y voy avanzando, es una sensación muy extraña.

Ya vamos llegando y me acaba de decir el manager que va a estar la tripulación con la que conviví por mucho tiempo y los dos yates también. ¿Qué se supone que deba hacer? Lo que menos quería era volver a ver ese yate y ahora lo más probable es que lo vea.

Yo dejé unas bolsas ahí con ropa de él y mía, porque para ese momento nosotros seguíamos juntos, mi amigo Dani, el chef, me las pasaría al llegar a Estados Unidos y, con mi amiga Juli, teníamos planeado reunir todas sus cosas y romperlas. ¡Qué ganas de hacer eso! ¿No? Ya queda menos...

¿Qué has hecho tú con las cosas de tu ex cuando terminaron mal las cosas?

Bueno, y aquí me encuentro, no puede ser coincidencia. Estoy justo al frente del Sport Fish Boat, me reencontré con mis excompañeros de trabajo y mis dos buenos amigos Juli y Dani. Ver este bote al frente mío hizo que se me apretara el corazón, sin embargo, ya no es tan fuerte como antes y creo que el darme cuenta de eso debe ser bueno, debe significar algo, el que no duela tanto como solía doler antes debe ser un avance.

✓ ....

✓ ....

✓ ....

✓ ....

✓ ....

✓ ....

✓ ....

Atlantis Marina, en donde volví a ver el Sport Fish Boat.

Íbamos de camino al hotel el manager y yo, con quien estaré trabajando estos días acá en Bahamas, y nos pusimos a hablar de muchos temas, entre ellos de la relación que tuve con "El niño", al ser el manager de ese bote, y su hermano el capitán, siempre estuvo al tanto de la situación y de nuestra historia. Hace poco me acordé de algo muy importante que les dije cuando estaba en Costa Rica, de los problemas. Cuando me fui a mochilear yo sabía que no estaba solucionando el problema, en este caso, la ruptura. Mi terapeuta también me lo dijo, pero quise escapar y evadir lo que era inevitable, que la herida se volviese a abrir. Lo que hice fue poner un parche sobre ella y, finalmente, como ya sabemos, fue un tipo de curación temporal y he vuelto a la realidad. Es por esto que les digo, ahora que caí en cuenta, que a pesar de que Venus me esté afectando, lo sé, que loco suena decir: "Venus me está afectando", ¿no?, pero, en fin, tal vez no lo había superado después de todo.

Pasaron cuatro días, solo cuatro en los que estuve en Estados Unidos después de haber pasado dos semanas mochileando y me empecé a acordar de él nuevamente, cuando ya pensaba que lo estaba dejando atrás. Es verdad que no podemos acelerar los procesos, pero eso me molesta, me desespera, porque quiero sacármelo de la cabeza ya. Me venía sintiendo tan empoderada y segura que todo iba bien, que los recuerdos, poco a poco, se estaban transformando en niebla, que ahora no sé qué me pasó. Sobre todo porque estar frente al yate en donde trabajamos juntos y donde aún nada de esto había pasado, hace que se me haga un nudo en el corazón. Una mezcla de emociones que no tienen nombre.

Veo desde el muelle la cubierta en donde yo le pasaba sus dulces favoritos y se los metía en el bolsillo, hasta la proa en donde él lavaba la lancha, en donde ponía las cañas de pescar, nuestras miradas que lo decían todo, o eso pensaba. ¿Cómo se puede pasar de querer tanto a alguien a odiarlo tanto? Bueno, al parecer es verdad lo que dicen: "Del amor al odio hay solo un paso". Al principio pasó de caerme mal a caerme bien, luego de amarlo a amarlo más, y bueno, ya sabemos el resto. En fin, así debía ser y confío en que es para mejor, la rabia me empujará a soltar, solo que no debo quedarme en el resentimiento, lo sé.

Capítulo diecinueve

Antecedentes

Hablemos del porqué de las cosas, en este caso ya sabemos que para ese entonces no me valoraba y que ahora estoy en ese proceso de amarme a mí misma, pero aparte de no haberme amado lo suficiente como para decir "hasta acá", ¿por qué dejé que este hombre entrara en mi vida?

Cuando tenía 15 años tuve obesidad y no estaba pasando por un buen momento en el colegio, me sentía fea, comía sola, no tenía amigos y, peor aún, la única persona en la que confiaba y le contaba todo se había mudado a otra ciudad por trabajo, esa persona era mi papá.

Mi mamá y mi papá siempre han estado juntos hasta el día de hoy, sin embargo, con mi mamá no nos llevábamos muy bien en esa época; es más, si yo tenía un problema con ella, o alguien más, a quien yo acudía para buscar apoyo o ayuda era a mi papá, y todo cambió cuando se fue a trabajar a Santiago.

Recuerdo tener un diario de vida en donde escribía prácticamente todas las semanas y en una de esas hojas escribí: "Me siento sola, no sé con quién hablar, no le quiero contar a mi mamá y mi papá está en Santiago". Para mí, mi mamá era como mi enemiga, no sé la razón, pero agradezco que nuestra relación haya mejorado y, luego de haber tenido una relación muy mala, ahora es mi mejor amiga. Ella es mi mundo, mi confidente y a quien le cuento todo.

Tener una mamá como la que yo tengo es como haberse ganado la lotería, tener un papá como el que yo tengo es como haber encontrado oro en un desierto, soy afortunada por tenerlos a ambos. Bueno, mi papá estaba trabajando en Santiago y yo me sentía sola, no sabía con quién hablar de eso por lo que yo estaba pasando, fue como si mi mejor amigo hubiese desaparecido de un día para el otro, y por muchos años lo culpé a él de mis problemas con los hombres y por mi dependencia emocional.

A medida que fueron pasando los años fui madurando y entendí que lo único que él hizo fue trabajar para proveer a su familia, nosotros. Al igual que mi mamá, ella trabajaba desde la casa, pero ambos apoyándose mutuamente. A veces no queda otra opción más que hacer sacrificios por la familia y de que hay consecuencias, a veces sí las hay, como las hubo en este caso, pero tienen solución. Si él no hubiese tomado ese trabajo, tal vez, no estaría acá en Bahamas escribiendo un libro, ni mucho menos estaría trabajando en yates, porque fueron ellos quienes me ayudaron a comenzar en la industria de los yates. Es por esto que entendí que lo mío tiene solución y que todo pasa por algo. Un poco de terapia, quizás unos años, pero principalmente entender que los procesos de sanación toman su tiempo y que no todo va a ser al tiro.

Los "Daddy issues"

Debido a esta carencia emocional buscaba a hombres que sean como una figura paterna, por lo general eran hombres mayores que yo y que tenían ese algo que me hacía sentir protegida, a salvo, como que nada me iba a pasar, pero siempre, siempre terminaba siendo un error. Es genial hacer las cosas sola, me gusta y siempre he valorado mi tiempo a solas, pero nunca ha llegado alguien que *resuelva*, siempre he hecho todo yo y sola. Cuando les digo todo, es porque es así, es agotador y cansa.

Me fui a los 20 años de mi casa y desde entonces la vida como una mujer independiente ha sido difícil. A ratos lo único que quiero es volver al colegio y que mi única responsabilidad sea estudiar, pero no, la vida no es así y ya cuando eres un adulto todo es diferente. Me he hecho una mujer fuerte y me siento orgullosa de eso. Les admito que volver a mi casa de vez en cuando y descansar un poco se siente bien, me siento como una niña de nuevo y a salvo, aunque entiendo que ya no lo soy más.

Me fui joven y asumí responsabilidades que, tal vez, no debía, pero que yo misma decidí tomar. Era la vida que yo siempre quise, ser independiente, sin embargo, esto trae consecuencias y no siempre son buenas.

Recuerdo tener 19 y haber dejado la universidad, me puse a trabajar en una cafetería y, a veces, salía a las 11 p.m. para llegar a las 12 p.m. y luego levantarme al día siguiente. Mientras yo trabajaba para ahorrar y poder irme a mochilear, no podía salir los fines de semana a bailar, porque llegaba cansada a mi casa luego del trabajo. A veces mis amigas me invitaban y yo les decía que no podía, unas entendían y otras no.

Mis papás me han dado de todo y más para que yo sea feliz. A veces es algo bueno y otras no. Fui una niña muy caprichosa y consentida. Cuando no se me daba lo que quería hacía un alboroto del porte de un buque, es por esto que me costó tanto el primer año afuera de mi casa, sobre todo cuando me fui a Estados Unidos, tener que arreglármelas sola.

Mis papás me dieron un monto de dinero para poder vivir las primeras semanas mientras hacía los cursos para trabajar en yates, y para ese entonces yo aún no era consciente y no caía en cuenta que esa plata era para gastos y no darme caprichos como comprar ropa. La vida me enseñó que las cosas se ganan, que hay trabajar duro para conseguir lo que uno quiere y que nada es fácil, pero lo logré y, a pesar de que ese año 2021 fue un año difícil para mí, aprendí y logré entender el valor de las cosas.

Salir de mi zona de confort me ayudó a madurar de una manera, tal vez, un poco dura, pero agradezco que haya sido de esa manera, porque, quizá, si hubiese sido de una forma más blanda, no sería quien soy hoy y, quizá, seguiría sin entender el valor de las cosas y lo que cuesta conseguirlas.

Ahora, volvamos al tema de la obesidad. Por muchos años fui gordita y lo único que quería era tener amigos y caerle bien a la gente, hice muchas cosas para conseguir amigos, cosas que no debía, como comprarles *snacks* en el colegio, regalarle ropa a amigas que en realidad no eran mis amigas y se burlaban de mí a mis espaldas, pagarles las salidas a restaurantes, fiestas, entre otras cosas más. A veces pienso que, quizás, es lo mismo que me pasó con "El Niño" y con la mayoría mis trabajos, nunca he puesto límites.

Por muchas semanas me cuestioné qué estaba mal conmigo, qué era lo que yo había hecho mal para que él me hiciera lo que me hizo, pero, finalmente, voy entendiendo que fueron los límites que nunca puse. Si le hubiese puesto límites a él, a mis excompañeros de trabajo y examigos, me habría dado mi lugar, respeto y amor propio, sin dejar que nadie nunca más me volviese a pisotear, pero acá estoy.

Al final, si no te amas, va a terminar pasando lo mismo, todo el amor que le das a la otra persona es el amor que te debes a ti primero y, quién sabe, tal vez la persona que venga tampoco se lo merezca. Es increíble como los traumas de la infancia o la adolescencia pueden desatar un sinfín de situaciones tóxicas en tu vida.

PENSABA
QUE NO
VOLVERÍA
A
SONREÍR
DESDE EL
ALMA

PERO LO
HICE

@JOSEDELAVEAU

Capítulo veinte

Conclusiones

Hablemos de las relaciones en general, ya sean pasajeras, de verano, o de esos casi algo. Les digo algo, yo tampoco he valorado a otras personas, a buenos pretendientes en mi pasado, que si eran buenos conmigo, a ellos no les daba mi atención y, a pesar de que no les daba o no les entregaba lo que se merecían, algunos se quedaban ahí y los que sí tenían amor propio se iban porque sabían que se merecían a alguien que si los valorase.

Finalmente, esto es una cadena, un círculo vicioso entre personas que se aman a sí mismas y otras que no. ¿Qué amor podemos entregar si no nos amamos a nosotros mismos? Ese amor que entregamos nos lo debemos a nosotros, pero se lo terminamos dando a personas incorrectas, he ahí la relación de un dependiente emocional con un narcisista. Mientras uno entrega y sigue entregando, el otro piensa solo en él y entrega migajas para que te quedes ahí, no te quiere, pero tampoco quiere que te vayas, eres su combustible, su suplemento máximo, te necesita, vive de ti; de cierto modo, su autoestima, su ego dependen de ti. Como ya muy bien sabemos, "El Niño" es un narcisista, vive detrás de una máscara en donde se encuentra un hombre inseguro y cubre esa inseguridad con acciones de superioridad y endiosamiento.

Recuerdo una vez, trabajando juntos a bordo, había mostrado su nueva foto de perfil en Facebook y en ella había puesto: "Es irónico que el superhéroe tenga que vivir detrás de un traje", en su

165

momento para mí significaba que no podía ser el mismo porque lo iban a juzgar, pero era más profundo que eso. Analiza esto, se llama a él mismo superhéroe, pero no puede ser el mismo, porque sabe que si se muestra tal y como es, lo único que va a recibir por parte de la sociedad es rechazo y críticas, obvio, si es un monstruo, un demonio. Lo peor que le puede pasar a un narcisista es que la gente a su alrededor descubra quién es realmente, que hablen mal de él o lo juzguen, él debe verse bien, por eso hace lo que hace y utiliza las redes sociales a su favor. Vive de las apariencias y es por esto mismo que no es feliz, ni nunca podrá serlo.

"El niño" siempre debía ser fuerte, si le dolía la espalda se esforzaba más, le ponía más peso, cuando lo único que le pedía su cuerpo era descansar, pero para él descansar era sinónimo de debilidad, y ser débil en su vocabulario no existía, no pedía ayuda, quería hacerlo todo solo porque su orgullo y su ego no se lo permitían.

Déjenme decirles que estar en la etapa de ira en un duelo amoroso es la más peligrosa de todas. Es peor que la de negación o la de tristeza, porque es más larga y es de la cual cuesta salir más. La más tramposa de todas, depende de ti si te quedas estancada ahí o no, y ahora me estoy dando cuenta que me he quedado donde mismo, van pasando los días, las semanas y la ira no se va.

Yo me demoré mucho tiempo en superar a mi primer ex, como un año y solo porque me quedé en esa etapa. Era como si estuviese esperando a que volviera para sentirme bien conmigo misma. Algo con el ego, cuando él había terminado conmigo, mi autoestima fue en decadencia y pensaba que, si él regresaba, eso que él se había llevado de mí me lo devolvería al volver. Es decir, que mi autoestima también estaba en manos ajenas, en este caso, en las de mi ex. Ahora me está pasando lo mismo, pero me da un poco de esperanza pensar que, con terapia, tal vez, pueda acortar el tiempo, perdonar en silencio y, finalmente, soltar.

Escrito domingo 30 de julio a las 6:37 p.m.

Hoy contacté a mi terapeuta y le mandé un mensaje preguntándole cómo puedo salir de esta etapa más rápido y no quedarme estancada en ella. Me dijo que en vez de enfocar mi energía en estar constantemente intentando dejar de sentir rabia o ira, que ponga mi energía en la emoción opuesta, es decir, si quiero dejar de ser egoísta, no debo poner mi energía en eso y luchar contra ella, porque va a causar más egoísmo en mí, debo enfocarme en la generosidad y, ¿cómo hago eso? Haciendo actos de generosidad.

Hoy fui a comer con el manager, y para llegar al restaurante debíamos pasar por un pasillo con tiendas como Gucci, Prada, Carlo, Mac, entre otras. Una de ellas era la tiendas de relojes suizos, en donde yo le iba a comprar un reloj a "El Niño".

¿Se acuerdan de que les dije que nos habíamos comprometido cuando fuimos oficiales por un corto tiempo? Bueno, cuando yo seguía trabajando en el Sport Fish Boat, una semana antes de renunciar, yo había pasado por la tienda de relojes e iba a comprárselo más adelante por estar enamorada. Luego pasé a probarme un anillo que era el que yo quería y le saqué una foto.

Cada uno en ese momento tenía su anillo, pero eran baratos. El suyo de acero inoxidable que se lo había comprado en Sint Maarten y el mío que yo misma me había comprado en Saint Thomas con forma de ola. Para las personas eran anillos comunes y corrientes, pero para nosotros eran de compromiso o, bueno, para mí. Me dijo que compraríamos los reales una vez él consiguiera trabajo y estuviera conmigo de vuelta en Estados Unidos.

Hoy, pasando por ese pasillo, se me vinieron todos esos recuerdos, y me acuerdo perfectamente lo ilusionada y feliz que estaba, pero ciega también. Me acuerdo de que para ese entonces habíamos ido con mi amiga Juli, su jefa y yo a pasear. Ella fue testigo de lo emocionada e ilusionada que estaba y el tiempo voló. Cómo pueden cambiar las cosas tan rápido, ¿no? En cuestión de segundos.

Hace dos meses nos seguíamos diciendo te amo y ahora le tengo una rabia enorme, es una mezcla de resentimiento e ira. Lo bueno es que sé que si pongo mi enfoque en otras cosas, ese resentimiento hacia él se va a ir con el tiempo hasta que deje de existir. No quiero que mi corazón se quede así de dañado, así que aplicaré el método que me dio mi terapeuta y a medida que vayan pasando las semanas les contaré qué tal me fue.

El otro tema importante del cual les quiero hablar, y que lo hablé hoy en la comida con el manager que, de hecho, como ya les habré comentado es hermano del capitán alcohólico del Sport Fish boat. La conversación comenzó porque hablamos de él y de ahí vino el tema sobre las personas que no cambian y que, por más que uno quiera hacerlas cambiar, no podemos, debe nacerles a ellos querer mejorar o cambiar.

El ser humano está en constante evolución, sí, pero hay ciertos individuos a los cuales no se les enseñó o no saben cómo evolucionar, porque no aprenden de sus errores y de eso se trata la vida, de cometer errores, pero aprender de ellos. Nadie dice que no puedes cometer el mismo error más de tres veces, o las que quieras, somos seres humanos, no robots, pero quedarte estancado ahí por años y no cambiar no está bien.

Un ejemplo, mi excapitán, hermano del manager con el que estoy trabajando ahora, lleva siendo adicto al alcohol desde los 17 años y ahora que tiene 53, con familia e hijos y aún no cambia. No cambia porque no aprendió de sus errores pasados y porque no conoce otra cosa que no sea seguir cometiendo los mismos errores o ese estilo de vida que él tiene. Esa es su zona de confort en donde se siente cómodo. Personas como él les tienen miedo a lo desconocido que implica un cambio.

Cambiar implica trabajo y fuerza de voluntad, nada es fácil, ni mucho menos gratis, todo tiene un costo, a veces económico y, a veces, mental, en este caso es un esfuerzo mental para un adicto dejar de tomar. Sin embargo, si realmente quieres algo, te esfuerzas por ello. Si deseas cambiar, ¿qué es lo primero que vas a hacer si ya sabes cuál es tu problema? Dejaré que tú mismo respondas esa pregunta.

Tenerle miedo a lo desconocido es sinónimo de tenerle miedo al fracaso, ya que no sabes que te depara el futuro, ese viaje, ese proceso o esa situación a la cual te estarías dirigiendo. Para tu cerebro, lo nuevo es algo amenazante y cuando nos sentimos amenazados, ¿qué hacemos? Piénsalo...

El cerebro es el que actúa como director de esta orquesta fisiológica y este busca una vía de escape, un atajo o un refugio. Para muchas personas puede volverse un círculo vicioso, como lo es con el alcohol. Amigos o familiares quieren que lo dejes, quieren que cambies, no obstante, esta persona termina tomando más y más alcohol. Una autodestrucción total.

A mí me pasaba igual, pero con la comida cuando era adolescente, por muchos años me dijeron que debía bajar de peso, que me cuidara y alimentara mejor, pero yo no lo hacía, porque no quería cambiar. Un día tomé acción y me puse en campaña para hacerlo. Ya cuando todos dejaron de decirme lo que debía hacer y se aburrieron, yo tomé la iniciativa.

Me sentía cómoda viviendo ese estilo de vida, pero no era feliz y, para mí, hacer dieta o deporte requería de mucho esfuerzo, trabajo mental y fuerza de voluntad. El solo hecho de pensar en todo lo que iba a tener que hacer para bajar de peso hacía que se me quitaran las ganas de comenzar con ese propósito. Ya cuando entendí que el resultado no iba a ser de inmediato comencé el proceso.

Siempre intentaba hacer dietas que me duraban una semana y listo, como no veía resultados al tiro, y era obvio que no los iba a ver en una semana, me frustraba y no quería hacerlo de nuevo. Hasta que entendí que el resultado llegaría con el tiempo junto con mi constancia y perseverancia. Cuando tenemos miedo, o nos sentimos amenazados, solemos buscar refugio y, en mi caso, la comida era un refugio, para mi excapitán su refugio era el alcohol y lo sigue siendo.

Más amor propio

Es por esto que he entendido que no podemos intentar cambiar a alguien que no quiere cambiar, ni mucho menos querer salvar a alguien que no quiere ser salvado. No vamos a lograr nada más que perder nuestro tiempo y energía en ellos.

Lo mejor es parar y dejar de intentarlo, sin esperar que esa persona tome acción o quiera cambiar, solo parar y entender que no todo el mundo está dispuesto a mejorar y que la culpa no la tienes tú. El que no hayas podido cambiar o ayudar a esa persona no te hace un fracaso, todo lo contrario, te hace una gran persona por haberlo intentado, aun sabiendo que no era tu deber. ¿Has intentado ayudar o cambiar a alguien por su bien? ¿Bajo qué circunstancias?

✓ ....

✓ ....

✓ ....

✓ ....

✓ ....

✓ ....

✓ ....

Capítulo veintiuno

¿La última recaída?

Escrito un lunes 31 de julio a la 1 de la mañana.

Mi mamá me llamó hace unos días y conversamos del matrimonio y los hijos. Ella me preguntó si yo quería casarme algún día y le dije que sí. A mí me encantaría que ella me ayudase con toda la organización y demás, pero luego me preguntó si es que yo quería tener hijos más adelante y le dije que no. La verdad es que nunca me han gustado los niños. Cuando me preguntan porque no quiero tener y les digo que no me gustan, la gente me pone una cara de horror, casi como si fuese maléfica.

Es decir, pareciese que solo por que nací mujer mi obligación es traer niños a este mundo, y que si quiero ser de esas mujeres casadas independientes que salen a trabajar y que no se quedan en la casa, no soy hogareña o no soy buena esposa. Creo que es por esta misma razón por la cual no me puedo juntar con personas de mentalidad cerrada o conservadoras, es como hablarle a una muralla.

Lo bueno de todo esto es que crecí en una familia que apoya a las mujeres que salen a trabajar y que son independientes. Como les dije, mi mamá siempre trabajó, incluso cuando me tuvo a mí y a mi hermano. La maternidad no le impidió trabajar o salir con mi papá, como tampoco le impidió ver a sus amigas y arreglarse.

Creo que nunca va a ser suficiente para la sociedad. Si te arreglas siendo mamá y sales con tus amigas eres una mamá irresponsable porque no estás con tus hijos, si estás todo el día en la casa con los

172

hijos pendiente de que estén bien, no tienes vida y no te preocupas por ti. ¡Ah! A la mierda la sociedad.

Recuerdo un día que fuimos a comprar al supermercado en Sint Maarten los dos solos y agarramos un carrito de compras, jugábamos como si ya tuviésemos el yate a vela en donde soñábamos vivir juntos en un futuro, o bueno, siempre fui yo...

Fingíamos que comprábamos cosas para el bote, yo elegía lo que a mí me gustaba y él igual. Luego, al llegar al bote en donde trabajábamos, se me había olvidado por completo el juego y que seguíamos con esa como simulación de vida de casados en nuestro yate a vela. Así que me dijo: "Se te olvidó ayudarme a desempacar", y yo no entendía nada, pero el juego era así, esa era la vida que queríamos, o que yo pensaba que él quería junto a mí, ir a comprar juntos y desempacar juntos.

La verdad es que me he dado cuenta de que perdí mis habilidades en la cocina apenas me independicé, entonces nosotros hablábamos que quien iba a cocinar era él mientras yo lavaba los platos y ponía la mesa, pero, finalmente, quedaron en eso, planes, solo planes que utilizó para engatusarme. No puedo cambiar mi pasado, tampoco me sirve arrepentirme de todo lo que hice por él y lo que le entregué, ya que lo único que voy a lograr va a ser que siga estancada sin avanzar.

Isla Saint Thomas.

¿Saben cuál es la diferencia entre abandonar y soltar? Estos dos conceptos suelen confundirse, abandonar es aliarse con el ego y soltar es aliarse con el universo. Soltar es aceptar y rendirse ante el resultado, abandonar se vive desde la resignación y se rinde en el proceso. Abandonar es un acto de cobardía, en cambio, soltar es un acto de valentía, abandonar va de la mano con la culpa y soltar va de la mano con la paz, abandonar es el resultado del miedo y soltar es el resultado del amor. Soltar es lo que estoy haciendo por amor a mí, perdonar es lo que quiero hacer, por amor a mí.

Capítulo veintidós

De vuelta al comienzo

Es tan raro cómo funciona el mundo. Me pregunto: "¿Qué tiene planeado para mí? ¿Por qué estoy acá?". No van a creer en dónde me encuentro en estos momentos y desde dónde les estoy escribiendo.

Desde el Sport Fish Boat, el bote al que pude llamar hogar por meses y en donde conviví con "El niño". Me imagino que ya se estaban preguntando qué hacía yo acá, ¿verdad? En fin, el manager del bote en donde había estado trabajando esos días en Bahamas me quiso ayudar ofreciéndome alojamiento en una *crew house* con la otra tripulación del yate principal y en donde también se estaba quedando mi amiga, Juli. Yo no tenía que pagar nada, no obstante, hubo un problema y el manager me ofreció otro alojamiento que en este caso era quedarme en el Sport Fish boat, con su hermano, el capitán alcohólico y mi exjefe, ¿qué me dicen?

No lo encontré buena idea, mucho menos porque aún sigo sanando y volver al lugar en donde todo comenzó es como ponerle sal a la herida. Y aquí estoy, recorrí todos los lugares, puse a prueba mis emociones, sin embargo, ya no siento dolor, son solo recuerdos y me puedo dar cuenta que la Jose que se fue hace tres meses de acá era otra y ahora soy más fuerte. Me siento orgullosa.

Entré a la cabina en donde dormíamos juntos, vi la ducha, vi todo, mis emociones eran confusas, porque era una constante montaña rusa. En este bote lo pasé tanto bien como mal o mejor dicho, lo pase más mal que bien. Normalicé muchas cosas, y es por esto mismo que mi mente funciona de una manera distinta, todo lo que yo pensaba que era lindo y normal nunca lo fue.

La verdad es que venir ahora con otra mentalidad y siendo más fuerte es otra cosa. Nunca pensé que sería capaz de volver a entrar en este bote, pensaba que me iba a desmoronar, pero no. Aquí estoy más fuerte que nunca.

Hoy en día veo todo lo que me está pasando como un avance. Creo que Dios me trajo de vuelta a este lugar para rematar lo último que me queda por sanar y yo misma ver con mis propios ojos que yo sí podía vivir sin él y que sí era capaz de soltarlo.

Créanme que cuando él se fue y yo me quedé en este bote, estuve un mes sin él acá y yo sentía que me moría, que no iba a poder salir adelante sin él o, peor aún, que no iba a durar ni un día sin que él estuviese a bordo. Todo lo que yo veía a mi alrededor me recordaba a él y era una crueldad.

Hicimos ese cruce de Sint Maarten a Bahamas en abril, que duró cuatro días. Paramos en República Dominicana, que fue en donde terminó conmigo por Instagram y yo no podía más con la tristeza. Ya estando en la marina de República Dominicana, que es cuando él termina conmigo, yo, por fin con señal, logro llamar a mis papás. Luego de haber pasado cuatro días llorando, sin señal, sin saber nada de él, porque ya me había hecho eso antes y presentía que me lo iba a volver a hacer, sentía que me moría. No tenía a nadie, no podía hablar con mis papás, ya que en el cruce de esos días no tenía internet, estaba sola, éramos mi almohada y yo.

Para no pensar en él y tampoco conectar con mis emociones, porque dolían demasiado, me comía unas gomitas de melatonina todo el día, de hecho, comía más de la dosis correcta con tal de dormir y no pensar, no quería pensar, no quería despertar y vivir la pesadilla en la que me encontraba.

Gracias a tantas gomitas de melatonina, dormí esos cuatro días casi de corrido, no comí nada, no tenía energía y llegué a Bahamas siendo otra persona, era un zombi ambulante.

Al llegar a Bahamas fue que él me volvió a contactar para decirme que le había dicho la verdad a su esposa, todo esto en abril también. Solo para refrescarles la memoria. Esa vez que él me volvió a contactar fue cuando me dijo que le había dicho toda la verdad a ella, que lo había echado de la casa y que ahora vivía con su mamá. Después de eso deben haber pasado 2-3 días para oficializar nuestra relación y que, de ahí en adelante, regresara su inestabilidad de siempre para llevarme al infierno junto a él.

Hoy les puedo decir que han pasado tres meses, veo los rincones de este bote y ya no duele. He llegado a comprender que son solo recuerdos y que si ya no duelen como me hubiesen dolido antes, significa que he avanzado y mucho. Creo que el universo me mandó de vuelta a este bote para que yo viera, con mis propios ojos, de lo que era capaz y de mi fuerza interna.

Escrito miércoles 9 de agosto desde el bote Viking.

Llevo solo dos noches acá y la verdad es que me encuentro tranquila, por un lado, ya que los recuerdos no duelen más, pero por otro me quiero ir, no quiero estar cerca del capitán alcohólico. Últimamente había estado sin inspiración y con un bloqueo increíble, no sabía que escribir y ganas tampoco tenía, he estado desmotivada, pero hoy tuve terapia y cada vez que hablo con mi terapeuta hago un nuevo descubrimiento.

¿Recuerdan que les dije que iba a aplicar lo que él me enseñó para dejar mi ira de lado? Bueno, lo he aplicado y ha funcionado, he redirigido mi atención a otras cosas y dejé de pensar tanto en lo que él me había hecho.

Mi terapeuta siempre me ha dicho que mientras más piense en ese "algo o situación" el sentimiento o emoción va a aumentar, crecerá, ya sea bueno o sea malo, funciona para ambos lados, así que solo decidí no pensar más en lo que él me había hecho, ya que cada vez que lo hacía me llenaba de ira y resentimiento. Decidí pensar en mis proyectos, mis metas y me comencé a concentrar en lo que debo hacer de ahora en adelante.

Cambiándoles de tema radicalmente, como lo hago normalmente, les cuento que me pasó algo muy raro hoy día. Hace poco, de hecho, ayer me había comprado un anillo muy parecido al que me había comprado en Saint Thomas y con el cual él me había pedido matrimonio, la única diferencia era que la piedra era azul y no tenía forma de ola, en cambio, la de Saint Thomas era con una ola y tenía una piedra turquesa en el medio.

En fin, el anillo que me había comprado ayer no lo encuentro y hoy la azafata encontró el anillo antiguo, el de Saint Thomas. Ese anillo que yo usaba siempre, que no me sacaba nunca, ese que era como parte de mí, lo tenía en mis manos luego de meses sin haberlo visto. Me sentía desnuda si no usaba mis tres accesorios, era como si me faltase algo. Siempre debía usar mi anillo, los aros que me regaló mi amiga Juli y el collar que me regalaron mis papás como símbolo de protección al irme de mi casa a los 20.

Hoy me puse el anillo antiguo nuevamente y en la mano derecha. Sí, no les voy a mentir, es verdad que le tengo un apego a este anillo, cada vez que he intentado tirarlo al mar, no puedo. Tal vez no estoy lista aún. Cuando le conté a mi terapeuta que estaba acá y que yo sentía que había vuelto al mismo lugar en donde todo comenzó, que esto se sentía como un círculo, él me dijo que no, que no era un círculo, que más bien esto era un zigzag. ¿Les explico o entienden la metáfora?

Le expliqué que me costaba entender el porqué, pero a su vez le conté lo que pensaba al respecto y que tal vez el universo o Dios querían mostrarme que cambié y me hice más fuerte. Quién sabe, quizás el universo quería que yo viese todo el proceso que llevo haciendo hasta ahora y lo mucho que he avanzado.

Él me dijo que el universo no siempre hace este tipo de cosas para mostrarle a una persona cuánto ha avanzado, sino más bien, a veces, son trampas de este mismo. Mientras más comienzas a pensar en todo lo que has avanzado, o cuan fuerte te has hecho, más vivos permanecerán los recuerdos.

Se acuerdan de que les dije que mientras más energía y atención les pongamos a nuestros pensamientos, seguirán creciendo, ahí está la trampa, no puedo caer en ese juego.

TENLE MIEDO A SER COMO EL RESTO, SER DIFERENTE Y QUE NO TE ACEPTEN POR ELLO ES LO QUE TE HACE ESPECIAL

@josedelaveau

No puedo pensar constantemente: "los recuerdos ya no duelen, acá donde pasó esto, ya no me molesta, ya no me afecta", ya que todo esto traerá consigo un tsunami de más y más pensamientos sobre las cosas que pasaron acá, cuando es eso mismo lo que estoy evitando pensar. ¡Qué loco! ¿No? Así que, estoy en modo neutral. Llego al bote en la noche, me acuesto, duermo, me ducho en la mañana, hago mis cosas durante el día afuera y no pienso en nada más que en las cosas que debo hacer durante mi día.

Escrito lunes 14 de agosto.

Hace unos días que me fui del Sport Fish boat. El capitán borracho me echó del bote y tomó ventaja, ya que su hermano, el manager que me había ofrecido quedarme ahí, justo se fue a Italia por trabajo durante 10 días y ya no estaría encima de él para controlarlo. En fin, ahora me encuentro en una *crew house* escribiéndoles todo esto.

Finalmente, creo que Dios sí me envió a ese bote para ver con mis propios ojos lo lejos que he llegado con este proceso, fue como haber hecho una parada solo para ver qué ya no soy la misma y ahora puedo seguir mi camino. No fue una trampa del universo. Me di cuenta de que no, aunque si yo hubiese dejado que ese pensamiento de "ya no duele" se apoderara de mí, lo más probable es que hubiese comenzado a recordarlo con más fuerza, porque seamos honestos, estoy escribiendo un libro que habla de él, de mí y de lo que fue nuestra relación, entonces es un poco difícil no pensar en él. Quizás para cuando lo termine su recuerdo deje de vivir en mi memoria.

Capítulo veintitrés

Cómo nace el narcisista

En uno de los capítulos de este libro yo les contaba que había hecho un descubrimiento, sin embargo, pude confirmar con mi terapeuta que me había enamorado de un hombre que tenía un trastorno de personalidad narcisista.

El narcisista no necesariamente debe ir al psicólogo para que lo diagnostiquen, porque ya en primera instancia no va a ir. Él puede ser diagnosticado a través de su víctima, así como diagnosticaron a "El niño" a través de mí, gracias a todo lo que le he contado a mi terapeuta sobre lo ocurrido con él.

Hace unos días atrás estuve leyendo de las tácticas de manipulación que usan este tipo de personas y una de ellas es mejor conocida como *gaslighting*. Esa táctica era su llave maestra para conseguir lo que él quisiese. "El Niño" la usaba constantemente en mí. El *gaslighting* es un método de manipulación en el cual el abusador logra que la víctima dude de su propia realidad, de sus creencias, dejándola creer que la realidad de él es la correcta y la suya no.

Un gran ejemplo es cuando la víctima está segura de no haber cometido ningún error y que es el abusador quien ha estado cometiendo errores, abusos y manipulaciones y haciendo cosas que una pareja normal no debería, sin embargo, el narcisista no quiere ser descubierto y es por esta misma razón que te da vuelta todo. Termina haciéndole creer a la víctima que es culpa de ella y ella pone en duda nuevamente su realidad. Finalmente, la víctima termina pidiendo perdón por errores que no cometió, termina perdiendo confianza en sí misma, volviéndose 100% dependiente de ese ser abusivo, pero peor aún, creyendo que ella es la que está mal, que es la culpable de todo lo que pasa, la causante de los problemas y que ella es la que está loca, así como me pasó a mí.

¿Has escuchado que alguien te diga: "Nadie te va a querer como yo?". Yo sí, en el capítulo 2 yo les mencionaba que me cegaba a la idea que solo él me iba a amar. Él me decía eso, y antes de conocerlo yo tenía muy claro que muchas personas llegarían a mi vida y me enamoraría muchas veces también.

Yo llamaba a mi mamá llorando, diciéndole: "Mamá, es que nadie me va a mirar así, nadie me va a amar como él me ama a mí, ni me va a aceptar tal y como soy". Me lo repitió tantas veces que me lo terminé creyendo, me metió todas esas cosas en la cabeza, y el problema es que cuando ya estás en el juego del narcisista no lo logras ver y es muy difícil salir. Dicen que la víctima vuelve 7 veces con su abusador y en esto pueden pasar incluso años. Yo perdí la cuenta, no recuerdo cuantas veces fueron las que volví con él, eran demasiadas, sin embargo, definitivamente fueron más de cinco.

Una vez sales de ahí y dejas pasar un tiempo, puedo decirles que ves todo con más claridad. Es como si durante todo el tiempo que estuviste con el narcisista hubieses estado manejando con niebla, sin poder ver nada en lo absoluto y poniendo en riesgo tu vida. Sin embargo, cuando el narcisista ya no está más en tu vida, esa niebla se va y logras ver todo, de otra forma y con claridad.

No todo el mundo tiene el corazón que tú tienes, pero es gracias a esto mismo que no puedes pensar que todos van a hacer el bien, que no te van a mentir o que todos te van a decir la verdad. Si piensas que el 90% de la humanidad tiene el corazón que tú tienes vas a ir por ahí decepcionándote de la vida. Piensa mal, no esperes lo mejor del resto, ni que van a ser buenas personas como tú, porque la humanidad y la sociedad está manchada.

"El niño" había usado *gaslighting* conmigo muchas veces y también psicología inversa. Una vez le pregunté si es que se había acostado con su esposa mientras nosotros nos habíamos tomado un tiempo, él ya estando en Costa Rica y yo en Estados Unidos, me dijo que no y yo dudé. Así que le conté a mi amiga Kiara a la que le cuento todo, y ella nuevamente descubrió en el perfil de ella una foto que había subido con él. Yo la tengo bloqueada en mis redes sociales, ella sabe de mí, sabe quién soy, sin embargo, nunca he querido que vea mi vida, ni que sepa lo que estoy haciendo, ya que hubo una vez en la que yo había dejado mi cuenta de Instagram abierta y en su momento no la había bloqueado y vi que había estado viendo mis historias, por lo que nuevamente dejé mi cuenta en privado hasta el día de hoy y la bloqueé. Al ver esa foto le escribí al niño y le dije: "¿Qué es esto?". Finalmente lo negó como tres veces, hasta que me dijo que sí se había acostado con ella y que me lo juraba por su hijo. Me dijo que lo odiara, que él era malo, entre otras cosas. Y cuando él me decía eso, al principio me pasó lo mismo, me enojé y lo maldije. Luego me puse a pensar que tal vez él me había dicho que sí se había acostado con ella para que lo dejara ir y no porque realmente había pasado pensé que tal vez para él era más fácil que yo lo dejase a él que él a mí si yo lo odiaba, hasta recuerdo haberle dicho que él no me haría eso a mí porque me amaba. ¡Qué ridícula! ¿No? Pero qué ingenua fui, terminé cayendo en la trampa una vez más y, finalmente, me cegué a la idea que no se habían acostado. Días más tarde hablamos por teléfono y me dijo que no se había acostado con ella, al igual que en Costa Rica, diciéndome que no se había acostado con nadie, cuando la verdad siempre fue que sí, si se habían acostado desde que él se fue de vacaciones la primera vez, en marzo, a Costa Rica.

Todo era más claro que el agua, todo tenía más sentido, por eso no me respondió los mensajes el día que me había pedido un tiempo y yo estaba en la puerta de embarque para ir a verlo a Costa Rica.

Pero, en fin, no quiero volver a llenarme de ira, porque cada vez que me acuerdo de todas sus mentiras y escribo este tipo de cosas es como si estuviera uniendo un rompecabezas interminable. Lo mejor es dejarlo así, no quiero pasar rabia otra vez.

Hace dos días estuve trabajando en Miami y se subió un niñito de cinco años a bordo del yate. En un principio no le presté atención a su actitud ni comportamiento, pero ya después era algo muy obvio. A ese niñito nunca en su vida le habían dicho que no, me daba órdenes a mí y se paseaba en el yate saltando por todo los sillones de arriba para abajo. Su papá nunca le dijo que no a todo lo que le pedía, era un niño malcriado y sin límites. Todo lo que estos adultos hacían era dejarlo hacer lo que quisiera sin ponerle límites, halagando su comportamiento y que para variar era de un maleducado. Ese niño de adulto será un monstruo y les explicaré por qué.

Al ser hijo de padres separados, lo único que estos buscan es hacer de su hijo el centro de atención, que no sufra ni sienta mucho esta nueva dinámica de lo que es la separación, diciéndole que sí a todo en todo momento. Lo crían de esa manera, pensando que lo están ayudando y así evitar que sienta dolor, pero lo único que van a terminar haciendo es crear a un monstruo.

Papá y mamá se encargan de hacerle creer a su hijo que es el centro del universo, que es un trofeo y que nadie se puede meter con él, y si se meten con él, se las van a ver con ellos. Los niños llegan puros a este mundo, y yo sé que "El niño" no siempre fue así, aunque según un estudio reciente publicado por la revista *Neuroscience*, existe una reducción del volumen y el grosor de la corteza prefrontal que regula las emociones y el control ejecutivo, por lo que, al verse disminuida esta área, se produce una alteración en la conducta y en el control emocional. Entonces si te estabas preguntando si un narcisista nace o se crea, te puedo decir que pueden ser ambas junto con una combinación de factores genéticos, biológicos, sociales y psicológicos. Como ya saben, el papá de "El niño" había engañado a su mamá y se fue con su amante cuando tenía cinco años. Él se crió con su mamá y hermanas.

Tengo unas cuantas suposiciones de por qué él es así, aunque la verdad, nunca sabremos la razón real a menos que vaya donde un psicólogo y este le diga el por qué, pero como ya sabemos, eso jamás pasará.

Hay varias opciones que tengo en mente, así que se las contaré:

Opción 1: al abandonarlo su padre su familia debió haber puesto su atención en otras cosas y él, al ser el menor de la familia pasó desapercibido. Cuando un niño no tiene reforzamiento en cuanto a sus demandas desde pequeños, se convierten en niños "no vistos". No han sido atendidos o valorados, esto los ha llevado a tener que aprender a elevar su propia autoestima para equilibrar ese vacío o falta de atención. Su ego llega a un nivel tan elevado, pasa a tocar el cielo, porque nadie estuvo ahí para enseñarle lo que son los límites y hasta dónde parar. Es su forma de protegerse ante el mundo, tienen que mirar por ellos mismos en todo momento.

Para mí que a temprana edad, y por falta de atención, él se vio en la obligación a inflar su autoestima como método de defensa y es por esto que tiene una imagen de sí mismo tan endiosada, que él todo lo hace bien y que él no se equivoca, porque él mismo, de niño, se vio en la obligación de llenar un vacío, protegerse y crear lo que es hoy en día, un narcisista. ¿A causa de qué? Falta de atención. Entonces, ¿qué es lo que busca ahora? Atención y aprobación en los demás, busca adoración. El problema es que si no recibe adoración o cumplidos de quienes lo rodean, la buscará en donde sea. La irá a buscar afuera de su zona de confort, si es necesario, e irá en busca de una nueva víctima.

Opción 2: al abandonarlo su padre, su familia se enfocó en darle mucha atención para que no sintiese la ausencia de su padre, ni mucho menos tristeza, como les contaba con el ejemplo del otro niñito que me tocó tener a bordo, sin embargo, el resultado es el mismo, crean un monstruo.

Nadie dice que los padres nacen siendo perfectos, ni mucho menos que lo saben todo en cuanto a la paternidad/maternidad, pero creo que, a veces, dar atención en exceso o simplemente no dar, tiene sus consecuencias. Es por esto que debe haber un equilibrio. Ahora entiendo por qué le cuesta tanto acatar órdenes de alguna figura de autoridad, no le gusta que le digan no, ni que le pongan límites.

No soporta ser primer oficial porque debe trabajar un puesto más abajo que el de capitán, quien es el que siempre manda. Cuando le dan órdenes piensa que lo están atacando y no es así, no le gusta aceptar críticas constructivas, ni mucho menos de otro tipo.

Josefina Delaveau Eguiluz

NO ME SUBESTIMES

@josedelaveau

Opción 3: Su padre hizo lo mismo que él. Se ha efectuado una investigación sobre los factores biológicos que contribuyen al trastorno de la personalidad narcisista, este parece tener un componente hereditario significativo. Y si bien no conozco la historia de su padre en detalle, creo que en parte para abandonar a toda una familia no hay que tener corazón, ni sentimientos ni empatía. Así como el niño tiene abandonada a su primera hija, no me sorprendería que abandone a su segundo hijo. Para los narcisistas siempre vamos a ser objetos y nos van a utilizar a su conveniencia. Cuando ya dejemos de servirles, se buscarán un nuevo "objeto", y así sucesivamente. Es como cuando a los niños les dan un auto nuevo de juguete, lo usan por un tiempo, pero ya cuando se aburren de él, buscan otro más nuevo para jugar.

Un narcisista no sabe amar, un narcisista no tiene empatía, le gustaría poder amar y es esa una de las cosas que más envidia de su víctima. La capacidad que tiene de amar.

Creo que el primer paso para poder soltar y dejar a un narcisista es aceptar que tiene una condición psicológica. Lo sé, es un reto enorme, porque te enamoraste de alguien que no ama, que nunca te amó y que jamás lo hará.

Por eso muchos psicólogos dicen que los narcisistas no tienen cura. No porque algunos vayan al psicólogo significa que quieran sanar. Puede que estén yendo a terapia porque tienen depresión o ya no están recibiendo la misma atención que recibían antes de alguien que era "importante" para ellos y eso los vuelve locos.

Por lo general, este tipo de individuos no van al psicólogo para sanar su narcisismo, van por otras razones, menos esa. ¿Ahora entienden por qué "El niño" rechazaba tanto la idea de que yo le pagara un psicólogo? Es más, él siempre había hablado mal de los psicólogos, incluyendo al mío sin conocerlo, como diciendo que ellos no saben nada, que son manipuladores y que lo único que hacen los psicólogos es robarle plata a las personas.

Yo tomaba unos remedios para mantener estables mis estados de ánimo, ya que soy bipolar. ¡Sorpresa! Sí, así es, siempre me río de mí misma y hago bromas al respecto, antes me daba vergüenza decirlo y ahora lo cuento como si nada. Soy bipolar, ¿y qué? Una semana quiero salir de fiesta todos los días y a la otra no quiero salir de la casa, en fin, la etapa maniaca vs la depresiva. "El niño" me dijo que no necesitaba mis remedios para tener un balance y estar más estable, de hecho, me dijo que los dejara, que yo era normal y que eso me hacía peor, más que ayudarme él decía que yo empeoraba, cuando lo único que mis remedios han hecho ha sido ayudarme y darme una vida más normal.

Finalmente, yo sí dejé los remedios como por tres meses y mis emociones se alborotaron, él me decía que estaba mejor así y no, no era así. Cuando ya llegué a Bahamas decidí contactar a mi psiquiatra y contarle lo sucedido, que yo no llevaba tomando mis remedios por meses y que estaba media depresiva, así que me volvió a dar dosis más bajas para comenzar con el tratamiento lo antes posible.

Mi terapeuta me ha dejado tener terapia con él aun sin pagarle porque he estado sin trabajo en más de una ocasión, también me hacía sesiones gratis cuando lo conocí el año 2020 porque me quería ayudar, luego le comencé a pagar en plena pandemia un moco, literal no eran ni 10 dólares la sesión y duraban dos horas, todo porque él de verdad quería que yo saliera de ese caos en el que me encontraba, él quería ayudarme a salir de ese cuadro depresivo. Para ese año mis papás, ni nadie en el mundo, estaban viviendo una buena situación económica, sin embargo, para él mi salud mental era algo importante y él quería ser quien pudiera ayudarme. Finalmente, lo logré y salí de ese cuadro de depresión el año 2020 gracias a su ayuda, al igual que ahora.

Capítulo veinticuatro

Futuro

Escrito miércoles 16 de agosto.

¿Recuerdan que les dije que cuando vivimos situaciones traumáticas el cerebro las borra para no tener que recordarlas? Es como si estuvieses haciendo tu vida normal y, de repente, tu cerebro se apaga momentáneamente y te pones a hacer cosas que están fuera de tu control. No eres consciente, pero luego tu cerebro se vuelve a encender y no te acuerdas de nada, lo intentas, pero no logras acordarte de nada. A esto se le llama disociación por traumas.

Cuando sufrimos traumas el cerebro activa un mecanismo de defensa, que es lo que nos provoca esa "amnesia" (olvido del recuerdo) y que esta misma nos lleva a dejar de recordar, de sentir eso que tanto nos hacía daño. Cuando pasamos por esto el hipocampo, que es la zona de los recuerdos, y la amígdala, que es la zona de las emociones, se llenan de cortisol, que es la hormona del estrés y del estado de alerta.

Cuando una persona no procesa un trauma como finalizado permanece en constante estado de alerta y es así como nace el famoso estrés postraumático (PTSD). Este estado de alerta constante afecta a la gestión de nuestras emociones, de tal manera que cualquier estímulo hace a la persona exaltarse con muchísima más facilidad y más violencia.

Creo que en gran parte esa es una de las razones por las cuales tengo esos "borrones" de mi adolescencia, mi cerebro provocó una amnesia, y ahora, si intento recordar qué fue lo que pasó, no puedo, tal vez es para mejor, por algo los borró. Opino que si tuviera que revivir esos recuerdos, o esos momentos, no serían lindos y amargarían mis días, todo pasa por algo.

Escrito 17 de agosto desde una florería.

Pueden creer cómo pasa el tiempo de rápido, no queda nada para fin de año, solo cuatro meses y medio y ¡boom! Ya llega el 2024. ¿Qué me deparará la vida? Espero que cosas lindas. Realmente estar en Estados Unidos sin un trabajo estable me está volviendo loca, sobre todo porque debo pagar renta y aún no tengo un trabajo, eso del *"American dream"* como que no va mucho, ¿no? La realidad es que venirse a Estados Unidos es una universidad, aprendes a golpes, ya que nadie te va a ayudar más que tú mismo y, con suerte, algunas pocas personas que hayan pasado por lo mismo que tú en algún momento te echarán la mano.

El solo saber que mi hermano vivía a unos tres bloques de distancia me hacía sentir en compañía, y ahora que no está me siento sola. Hubo un período de tiempo que yo no estaba comiendo y fue cuando recién había terminado con "El niño". Cada vez que lo iba a ver al lugar en donde él se estaba quedando, él me estaba esperando con comida, porque sabía que solo me estaba alimentando de barritas de proteína.

A pesar de que tengo a mi amiga Juli acá viviendo a cuatro bloques de distancia, ella también tiene su vida, su trabajo y no puedo estar siempre con ella. Mi hermano vuelve en un mes y medio. Para mí había sido el mayor soporte emocional que había tenido acá después de esta ruptura amorosa.

Bueno, ya que ustedes saben un poco sobre mis planes a futuro. Ahora cuéntame sobre los tuyos, sobre tu futuro. ¿Dónde te ves en cinco años? ¿Quién te gustaría ser? ¿Qué tan lejos te gustaría llegar? Para esto te voy a dejar las siguientes preguntas:

1. **El auto que tendré será:**............................

2. **Estaré viviendo en:**....................................

3. **Estaré trabajando en:**...............................

4. **Me estaré riendo de:**................................

5. **Estaré viajando hacia:**.............................

6. **Estar agradecido de:**................................

7. **Estaré extrañando a:**................................

8. **Estaré intentando cambiar:**....................

9. **Seguiré en contacto con:**.........................

10. **Estaré feliz de haber dejado a:**...............

Juego de manifestaciones.

Una carta a mi yo del futuro:

✓ ....

✓ ....

✓ ....

✓ ....

✓ ....

✓ ....

✓ ....

Mi futuro en tres palabras:

✓ ....

✓ ....

✓ ....

Sueño con:

✓...

✓...

✓...

✓...

✓...

✓...

✓...

Mi casa ideal:

✓...

✓...

✓...

✓...

✓...

✓...

Mi pareja ideal debe tener estas características:

✓ ....

✓ ....

✓ ....

✓ ....

✓ ....

✓ ....

✓ ....

Un texto que nunca mandaría:

✓ ....

✓ ....

✓ ....

✓ ....

✓ ....

✓ ....

✓ ....

@JOSEDELAVEAU

La palabra rendirse no existe en mi vocabulario

Capítulo veinticinco

Empatía

Hablemos de los hijos, ¿cómo es que alguien que no sabe amar puede tener un hijo o por qué le piden a su pareja tener uno?

Los narcisistas tienen hijos para sentirse bien consigo mismos. Para un narcisista tener hijos es como tener otra fuente de suministro narcisista. Eso de tener una familia, madre, padre e hijos les ayuda a encajar y ser aceptados por la sociedad. Dan una imagen de ser personas fieles y de familia, pero esa es solo la portada del libro. La verdad es que solo utilizan a sus hijos y esposa para su propio beneficio. Como ya les había mencionado antes, el narcisista no te ve como una persona, te ve como un objeto. Satisface su necesidad de poder y control, peor aún, les permite perseguir sus fantasías viviendo indirectamente a través de sus hijos.

"Los narcisistas no desarrollan, ni desarrollarán un sentido de empatía, por lo que nunca podrán amar realmente a nadie, esto no cambia cuando tienen hijos".

¿Qué cruel no? Pero, ¿saben qué es lo más cruel? Que durante el embarazo el narcisista volverá a engañar a su pareja, ya consiguió lo que quería. Esto es más que común. La mujer es el centro de atención y ahora todas las miradas se irán a ella. El narcisista es celoso y envidioso de su propia pareja, no querrá verla brillar y como no tendrá esa atención que tanto necesita para sentirse bien consigo mismo, la irá a buscar a otra parte, y con esto me refiero a otra persona. Nunca va a ser suficiente para ellos recibir la adoración de una sola persona, necesitan más y es por esto que son infieles, no se conforman con tener a una sola persona a su lado, de ahí nace la famosa *triangulación*.

Cuando estás con alguien así, en el momento, ya dentro del vínculo es imposible verlo, por eso nos dicen "estás ciego o ciega", ya que no logramos ver lo que es obvio. Es por esta misma razón que los psicólogos recomiendan tanto el contacto cero. Pero, ¿qué es el contacto cero realmente? Las relaciones con personas narcisistas suelen caracterizarse por desequilibrios de poder, manipulación emocional y falta de empatía. Cuando llega el momento de poner fin a una relación de este tipo, puede ser extremadamente desafiante debido a la naturaleza de la dinámica narcisista.

Una de las principales dificultades para lograr un cierre saludable es la incapacidad del narcisista para aceptar la responsabilidad de sus acciones y mostrar empatía hacia el otro. Para el narcisista, la relación es más un juego de poder y control que una conexión emocional genuina. Por lo tanto, cuando llega el momento de la ruptura, es probable que el narcisista intente mantener su control sobre la situación, ya sea tratando de manipular al otro para que permanezca en la relación o buscando venganza si es quien decide terminarla.

El contacto cero, que implica cortar toda comunicación y contacto con el narcisista, incluyendo el bloqueo en redes sociales y el famoso stalking, puede ser una estrategia efectiva para protegerse emocionalmente. Al establecer límites claros y mantenerse firme en la decisión de no permitir más manipulación o abuso, la persona que ha estado en una relación con un narcisista puede comenzar a recuperar su poder personal y reconstruir su autoestima.

Es importante que reconozcamos que el contacto cero puede ser un proceso difícil y doloroso, especialmente si hay sentimientos de amor o apego hacia el narcisista. Sin embargo, a largo plazo, puede ser una medida crucial para sanar y avanzar hacia relaciones más saludables en el futuro.

Además del contacto cero, buscar apoyo emocional de amigos, familiares o profesionales de la salud mental también puede ser fundamental en el proceso de recuperación. El trabajo en la construcción de la autoestima y el establecimiento de límites saludables son aspectos importantes de la recuperación después de una relación con un narcisista.

En resumen, aunque puede ser difícil lograr un cierre digno en una relación con un narcisista, optar por el contacto cero puede ser una forma efectiva de proteger tu bienestar emocional y comenzar el proceso de sanación.

El trastorno narcisista de la personalidad no es una enfermedad, ya que el abusador es consciente de lo que hace, es más bien un trastorno mental de la personalidad. Estas personas buscan víctimas que tengan un nivel de empatía más elevado que el resto, ya que al tener mucha más empatía, la víctima siente lástima por el narcisista y justifica todos sus actos, no poniéndole límites y es así como la víctima termina quedándose ahí, aguantando y aguantando todos los malos tratos y abusos por parte del narcisista.

¿Cómo reacciona el narcisista ante el contacto cero?

La reacción de un narcisista al contacto cero puede variar dependiendo de varios factores, como la personalidad del narcisista, la naturaleza de la relación previa y el grado de dependencia emocional que tenía hacia la persona que implementa el contacto cero. Aquí les dejo algunas de las posibles reacciones que un narcisista podría tener:

–Rabia y enfado: Uff, sí, los narcisistas suelen tener dificultades para lidiar con el rechazo y la pérdida de control. Por lo tanto, es posible que reaccionen con furia cuando se les niega el contacto o la atención que desean. Pueden intentar recuperar el control manipulando o intimidando a la persona que implementa el contacto cero.

–Manipulación y chantaje emocional: Y no me sorprende, ellos pueden intentar manipular a la persona que implementa el contacto cero para que vuelva a la relación. Esto puede implicar promesas vacías de cambio, disculpas falsas o incluso amenazas de autolesión o suicidio para generar sentimientos de culpa y compasión en la otra persona. Así como me pasó a mí, había terminado con él, me iba a ir del bote en el que estábamos trabajando juntos en Costa Rica y me hizo creer que se iba a suicidar, creando en mí una culpa y preocupación inexplicable.

–Idealización y love–bombing: En un intento de recuperar la atención y el afecto de la persona que implementa el contacto cero, el narcisista podría recurrir a la idealización y al love–bombing. Esto implica elogios excesivos, regalos costosos y declaraciones de amor intensas para tratar de seducir a la otra persona y hacerla volver a la relación.

Tóxico no solo es cuando te tratan mal, es cuando te hacen sentir insignificante durante días, para los siguientes llenarte de amor. Es cuando alguien es tan inconsistente, que te lleva a vivir un torbellino de dudas sobre si es mejor seguir o dejar esa relación.

–Ignorar o desestimar el contacto cero: Algunos narcisistas podrían optar por ignorar o desestimar el contacto cero, fingiendo que no les afecta o minimizando la importancia de la ruptura. Esto puede ser una táctica para proteger su propia autoestima y evitar enfrentar el rechazo.

–Depresión o desesperación: En algunos casos, la implementación del contacto cero puede llevar al narcisista a experimentar sentimientos de depresión, soledad o desesperación. Esto puede ocurrir especialmente si la persona que implementa el contacto cero era una fuente importante de validación y admiración para el narcisista.

Escrito lunes 21 de agosto 2023.

A medida que van pasando los días, me voy dando cuenta que el dolor ya no está, que la rabia tampoco y que lo poco que me queda de rencor hacia él va disminuyendo. Al parecer viví el duelo dentro de la relación. ¿Han escuchado hablar sobre eso?

¿En dónde estuvo mi límite para decir basta y tomar acciones reales y concretas? Fue en el momento en el que toqué fondo y me di cuenta de que era un *zombi*, que si seguía ahí con él, o insistiendo en ayudarle, me iba a terminar perdiendo a mí misma para siempre, y más tarde iba a ser casi imposible recuperarme o, mejor dicho, el proceso sería más doloroso y más largo aún. Era ahora o nunca.

Entendí que la situación no iba a cambiar sola, ni mucho menos mejorar. Con el tiempo me fui dando cuenta que todo fue empeorando y que, si yo no me sacaba de ahí, nadie más lo iba a ser, yo misma debía ser mi propia heroína.

NADIE ES COMO **TÚ,** Y ESE ES TU **PODER**

Escrito miércoles 28 de agosto.

Ayer tuve terapia, ¿y adivinen qué? Hice un nuevo descubrimiento, aunque esta vez realmente no era consciente de lo que estaba haciendo. Al comenzar la terapia le pregunté: "¿Será que atraigo a estas personas porque son un espejo de mi misma?". Ya que como yo no he sanado atraigo personas poco sanas y son esas personas, las tóxicas, las que me gustan. En cambio, cuando llega una persona sana a mi vida no me gusta. Entonces le dije: "¿Será que debo sanar *para atraer* a una persona sana y que esta vez sí me guste?". Y ahí estaba el error. Yo no debo sanar para alguien más y he estado queriendo sanar inconscientemente para atraer a alguien sano todo este tiempo, cuando lo correcto siempre debió haber sido querer *genuinamente* sanar por mí y nada más que por mí, el resto llegará solo.

Escrito viernes 25 de agosto.

Les escribo desde el avión con rumbo a Boston. Logré sacar el certificado médico que me faltaba para presentar en mi nuevo trabajo.

En el avión a Boston.

Al parecer podré ir a Chile a finales de octubre y eso quiere decir que, si voy en esas fechas, lo más probable es que no pueda pasar Navidad con mi familia en diciembre. Me hace falta una dosis de amor, pero del amor de mi familia, de mis papás, ese que es incondicional, puro y verdadero. Le había prometido a mi abuelo que pasaría Navidad con él y ya van dos años que no paso este tipo de fechas especiales con mi familia.

Es como si estuviese entre la espada y la pared, por un lado, no quisiera arrepentirme de no haber pasado una Navidad con ellos en caso de que cualquier cosa pase. No es por ser pesimista, es la vida. He aprendido que nada es para siempre, ni mucho menos los abuelos, y quisiera poder aprovecharlos más.

A veces siento que las ganas de querer llegar a tocar el cielo son enormes, quiero poder darle todo a mi familia, devolverles a mis papás todo lo que han hecho por mí y poder ayudar financieramente a mis abuelos, pero lo más difícil es que siento que cada año que pasa me voy acercando más a esa meta, pero me alejo más de ellos y de mi familia.

Sé que tengo toda una vida para trabajar y llegar a mis metas, pero siento que mientras antes comience, antes llegaré a obtenerlas. Podré cumplir mi sueño de ser mi propia jefa, tener mi propia empresa y administrar mis tiempos y, quién sabe, quizás en uno o dos años más lo logro, activando el modo manifestación 2024.

La verdad es que estoy orgullosa de mí y cuán lejos he llegado. Este año me mostró toda la fortaleza interior que tenía guardada y que no creía ser capaz sacar. Cuando pienso que no puedo seguir, ahora miro hacia atrás, veo todo mi proceso y tengo la certeza de que obtendré todo lo que quiera en esta vida.

Capítulo veintiséis

Bajo cubierta

Escrito sábado 26 de agosto.

Hoy día me hicieron la inducción en el yate, todo lo que son las medidas de precaución y seguridad. Nos dieron el día libre. Fuimos con el marinero y la otra azafata, a andar en bicicleta para recorrer un poco de lo que es Boston. Déjenme decirles que es maravilloso, las casas y toda su infraestructura es antigua, tiene historia, tiene un aire a Europa, obviamente no igual, pero el solo hecho de poder caminar y disfrutar las caminatas es genial. En Fort Lauderdale no se puede caminar, no dan ganas de caminar, las distancias son inmensas y hay que tener un auto para movilizarse, acá no. Tienen restaurantes con flores afuera, *coffee shops* en todas partes, *fresh markets* con vegetales y frutas frescas, además los parques son preciosos, da gusto andar en bicicleta acá.

Miércoles 30 de agosto.

Hablemos de los 20. Dicen que esta etapa de la vida es la más loca y en la que estás descubriendo todo. Te caes y te levantas todos los días. Ya habrás llegado a los 40 con uno que otro rasguño, bueno, varios. Algunos de mis amigos ya se están graduando de la universidad, otros se están casando y algunas teniendo hijos. Creo que esa estructura de ir al colegio, ir a la universidad, casarte y tener hijos no va conmigo. Siempre he intentado hacer las cosas diferente.

En los 20' todo cambia, desde el cuerpo hasta la mentalidad. He conocido personas nuevas, perdido amigos, probado cosas nuevas y fallado en la mayoría. Me equivoco y me sigo equivocando, pero crezco y mucho. Hoy me siento perdida, y sí, la mayor parte del tiempo me siento así, sin saber a dónde ir, qué hacer o qué rumbo tomar. A pesar de tener metas claras en la vida, a veces dudo de si es realmente lo que quiero.

He aprendido, pero voy a cumplir 24 y estoy trabajando en algo que no me gusta. La pregunta del millón. ¿Qué hago? Mi papá siempre me ha dicho que, a veces, hay que sacrificar un poco de tu tiempo en este caso, años para lograr lo que queremos, y es verdad. No existe la vía fácil o rápida, aunque si quisiera conseguirme un *sugar daddy*, podría hacerlo, pero, ¿a qué costo? ¿Vendiendo mi cuerpo por dinero? ¿Perdiendo mi valor como persona y como mujer? No, gracias, prefiero demorarme años y hacerlo sola respetando mi cuerpo y a mí, que hacer ese tipo de cosas. No está mal pedir ayuda, pero ese tipo de ayuda no lo vale.

A diario me pregunto, cómo es que sobreviví a todo esto, cómo es posible que realmente lo esté superando poco a poco y paso a paso, cuando yo juraba que él era el amor de mi vida. Les había contado que el duelo lo viví dentro de la relación, y es que cuando te traicionan, cuando te apuñalan por la espalda, ese amor muere. Toda la "admiración" que sentía por él, pasó a ser asco y desprecio. Me decepcioné tanto, que lo único que creció en mí fue resentimiento y rechazo hacia él.

He escuchado que el amor puede sobrevivir a la distancia, los conflictos y a la muerte, pero no sobrevive a las traiciones, dudas, manipulaciones, mentiras y, mucho menos, a la desconfianza. Una vez cruzas esa la línea no hay vuelta atrás, y él la cruzó. Cuando traicionas a una persona que te ha sido fiel, no vas y pides perdón, ni das excusas baratas. Somos adultos y él hizo una elección, no solo conmigo, sino con ella también, pero lamentablemente fueron malas elecciones, al igual que las mías, como siempre les he dicho, tomé malas decisiones, me equivoqué y el universo se encargó de mí, aprendí a la mala.

El amor que yo tenía hacia él iba muriendo cada día más, gracias a sus desprecios y sus malos tratos hacia mí. Ante cualquier problema yo era la causante, yo era quien hacía todo mal, yo era la loca, la culpable y él siempre excusándose de todo. Cuando él se sentía mal, yo estaba ahí, pero cuando era yo la que se sentía mal y era yo quien lo necesitaba, era una molestia para él y lo único que yo ganaba era indiferencia y rechazo. En consecuencia, me rendí, me rendí aun estando con él y me rendí después también. Es por esto que cada día que me levanto decido superarlo y salir adelante.

Volviendo al tema de mi nuevo trabajo, no les había contado sobre la otra azafata, no con la que fuimos a andar en bicicleta por Boston, esta es otra. Los primeros días abordo fueron un poco raros, mi *roommate*, la otra azafata, era muy maleducada, pesada y seria. De hecho, en su momento hablé con el capitán queriendo presentar mi renuncia porque ella era, de verdad, muy mala. Se mandaba unos comentarios tan desubicados que, a veces, me dan unas ganas de decirle algo, pero no quería causar problemas y era nueva. Sin embargo, un día me aburrí, le puse límites, le dejé las cosas bien claras y me defendí. Lo hice después de 10 días o dos semanas de haber estado aguantando sus malos tratos. De hecho, toda la tripulación la comenzó a dejar de lado y me apoyaron. Ella renunció y yo me quedé. Claramente creo que ella es un vivo ejemplo para decidir poner límites.

Siempre he pensado que Dios me pondrá diferentes personas y mismas situaciones hasta que aprenda y en este caso, ¿qué es lo que debo aprender? A poner límites. No me había estado haciendo respetar y una cosa es no querer causar problemas, pero no puedo dejar que me pasen a llevar. Es exactamente el mismo problema que tuve con "El niño", pero con otra persona y otro contexto.

26 de septiembre 2023.

¡Cómo pasa el tiempo! Ya estamos en septiembre y no queda nada para fin de año. Siento que a medida que uno va creciendo y cumpliendo años, el tiempo va pasando más rápido.

DA EL BESO

VIAJA

HAZ EL TOPLESS

Arriésgate

@josedelaveau

Boston, agosto 2023.

Capítulo veintisiete

Agradecidos o malagradecidos

Escrito 1 de octubre.

A veces se me olvida dónde estoy, lo lejos que he llegado o todo lo que he logrado conseguir. Me acostumbré a pedir en momentos de incertidumbre, de desconcierto y de frustración, que cuando obtengo todo lo que pedí, no agradezco. Cuando tengo en mis manos eso que tanto estuve pidiéndole al de arriba, no le doy las gracias.

Hoy vine a caminar sin saber que me encontraría con un maravilloso mirador, ni mucho menos que lanzarían fuegos artificiales. Al verlos en el cielo, pensé: "¡Wow! Estoy en Nueva York, viendo fuegos artificiales, escribiendo mi libro y yo quejándome de esto y de esto otro, no puede ser".

He llegado a la conclusión de que si vivimos constantemente en una frecuencia de carencia, de que siempre nos está faltando algo, que nunca es suficiente y quejándonos, atraeremos eso, carencia y pobreza, que no siempre es a un nivel material o económico.

En cambio, si vivimos en abundancia, agradecidos de esas pequeñas cosas de la vida, tales como tener salud, trabajo y familia; si vivimos agradecidos y en abundancia, atraeremos más abundancia a nuestras vidas. El poder de la mente lo tenemos nosotros. Las herramientas están ahí para crear tu realidad, solo debes saber usarlas a tu favor, porque dependiendo tus pensamientos, atraerás más de eso. Recuerda que donde ponemos nuestra energía eso aumentará.

Y si, a veces debo obligarme a verle el lado positivo a mi trabajo y es verdad que podría ser peor, eso es lo que siempre me dice mi papá, ver el vaso medio lleno. El optimismo nos hace ver el lado bueno de las cosas y logramos minimizar las adversidades que se antepongan en el camino. Creo que, si tuviera que elegir entre ser pesimista, optimista o realista, sería optimista. Me gustaría poder ser optimista todo el tiempo y eso intento.

Me encuentro sentada frente a una maravillosa vista, observando Manhattan, un mirador increíble. Estoy en paz, con nuevos proyectos en mano, usando un *sweater* celeste y escuchando música con unos audífonos de 10 dólares. Hace unas semanas pensaba que mi vida se había vuelto aburrida, que ya no tenía nada que contar, pero era todo lo contrario, he encontrado paz.

Mirador en Brooklyn con vista a Manhattan, NY.

Había decidido salir a caminar y encontrar un *coffee shop* para sentarme y escribir, pero estaban todos cerrados y al ver este mirador dije: "¿Por qué no?", así que me senté en una de las banquitas libres que estaban ahí y que tenían vista hacia Manhattan. Acá me encuentro, recordé dar las gracias y me siento bendecida.

Llegó octubre y, en general, todo el 2023 fue como una película de esas que duran dos horas y ya. Así mismo, el año se me está yendo rapidísimo. A veces me gustaría parar el tiempo, congelarlo, frenar un poco y ponerle pausa a esta película llamada vida, pero no se puede, es la vida real y se sigue. Es por esto que quiero profundizar un poco en el tema sobre cómo percibimos el tiempo a medida que vamos creciendo. Lo dijo Einstein, el tiempo es relativo. A veces el tiempo se nos pasa volando, y otras veces se nos hace eterno. Me imagino que, de vez en cuando, te habrás preguntado: "¿Cómo es que el tiempo está pasando tan rápido?", "ya casi es Navidad", o también podrás haber dicho: "El día se me está haciendo muy largo, quiero que se acabe". No obstante, todo esto dependerá de lo que estemos haciendo, en qué estamos pensando y en que estamos poniendo nuestra energía.

Es como cuando nos vamos de viaje y sentimos que esas vacaciones fueron así como una estrella fugaz; así tal cual, fueron fugaces. Lo pasamos increíble, fuimos felices, disfrutamos y no queremos que se acaben. Deseamos que esas vacaciones sean eternas, pero luego llegamos a casa, miramos hacia atrás, recordamos esas vacaciones y pareciese que fueron largas, que hicimos muchas cosas y vivimos tanto. Mientras que cuando estábamos en ellas pensábamos que se nos estaban yendo muy rápido. Una hora siempre va a tener 60 minutos, es por esto que todo va a depender de la percepción que tengamos sobre el tiempo. A medida que te vas haciendo mayor, el tiempo se va pasando más rápido. ¿Por qué pasa esto? Bueno, hay una explicación científica.

Una psicóloga llamada Sandra Lenhoff, junto al psicólogo Marc Wittman de la universidad Ludwig Maximilian de Muchich, hicieron un estudio para investigar sobre este tema. Le hicieron una encuesta a más de 300 personas, entre 14 y 94 años para saber cómo era que percibían el movimiento del tiempo. Les pidieron que le otorgaran una puntuación a cada período de tiempo determinado, según lo rápido que pensaban que el tiempo transcurría.

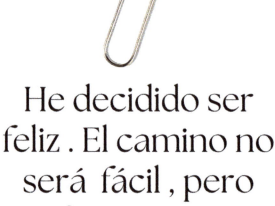

He decidido ser feliz . El camino no será fácil , pero prefiero eso a que estar muerta en vida

@josedelaveau

Al ver los resultados pudieron concluir que, para las duraciones cortas, tales como una semana o un mes, la percepción de la velocidad no aumentaba significativamente para las personas mayores. Es decir, no variaba con la edad. Sin embargo, en relación a los períodos más largos, como años o décadas, sí se encontraron diferencias. Los adultos tienden a sentir que el tiempo va a mayor velocidad.

Van tres meses desde la última vez que me comuniqué con "El niño". No siento necesidad de hablarle, ni tampoco lo he desbloqueado de todas las redes sociales que tengo. En julio me creé una cuenta en TikTok estando en Costa Rica, que la verdad era para hacer videos de mis viajes y esta semana me apareció en mis contactos y quedé ploop. Si bien lo recuerdo, él no subía contenido a TikTok desde hacía dos años y ahora había estado subiendo fotos y *selfies* con canciones de amor prohibido, ¿qué tal?

En fin, hoy día hablé con mi terapeuta y le confesé lo que había estado haciendo, van tres meses y se supone que ya debería haberlo olvidado, ¿no? Le dije: "¿Te acuerdas de que te había contado que me quedé estancada en la etapa de la rabia cuando rompí con mi primer ex hace un tiempo atrás y que me demoré mucho en superarlo? Bueno, ahora me está pasando lo mismo, cuando pienso que voy como viento en popa, me viene la curiosidad y, como dicen por ahí: "la curiosidad mató al gato". Todo lo que hago es hacerme daño a mí misma".

Es como si estuviese buscando respuestas, respuestas a algo que en realidad lo único que hace es mantener vivo su recuerdo. Cada vez que comienzo a acordarme de situaciones con él o cosas que él me decía, comienzo a armar otro *puzzle*, y así sucesivamente. Abro la herida constantemente, preguntándome: "¿Por qué pasó esto? ¿A qué se debe esto?". Analizando cada una de las situaciones que viví, pero que, finalmente, no me permiten soltar del todo.

¿Han escuchado hablar de la historia del sapo y el escorpión? Bueno, hoy mi terapeuta me contó esta historia y la quiero compartir con ustedes.

"Un sapo andaba tranquilamente por valle, cuando de repente lo llamó un escorpión:

—Ven sapo, por favor.

—¿Qué quieres de mí? —le dijo con un poco de miedo el sapo.

El escorpión le explicó que quería cruzar al otro lado del valle, pero no sabía nadar, como tenía miedo de ahogarse y sabía que él era buen nadador le pidió ayuda para poder cruzar el río sobre su espalda. Y el sapo le dijo:

—No puedo, eres un escorpión y cuando me acerque a ti, me picarás y moriré.

El escorpión se defendió:

—Necesito cruzar al otro lado, tengo prisa y no puedo rodear todo el río, por favor, ayúdame, sé que soy un escorpión, pero no tengo la culpa de ser lo que soy.

El sapo siguió negándose, no terminaba de confiar en el escorpión y temía que le picase, pero el escorpión le respondió lo siguiente:

—Te propongo que te acerques a la orilla y yo, en vez de trepar por tus patas, daré un salto y me subiré así a tu espalda. Además, piensa en esto, si te pico, morirás y te hundirás; si tú mueres, yo me ahogaré.

Esa explicación convenció al sapo que terminó confiando en el escorpión. Sin embargo, cuando llegaron a la mitad del río el sapo sintió un pinchazo en el cuello, todo su cuerpo comenzó a dormirse y, antes de ahogarse, preguntó:

—¿Por qué lo hiciste?

—Lo siento, no pude evitarlo, está en mi naturaleza —contestó el escorpión antes de hundirse también.

En conclusión, estaba en la naturaleza de "El niño" ser traicionero, mentiroso, cruel y, bueno, podría quedarme diciendo una infinidad de cosas, pero no, no podemos cambiarlo. Él fue el escorpión y yo el sapo.

Escrito 11 de octubre.

Ayer 10 de octubre se celebraba a nivel internacional el día de la salud mental, algo que es tan importante y a medida que pasan los años esté tema ha ido dando vueltas por el mundo. Lamentablemente la salud mental es cara, y no solo en Estados Unidos, sino que en todo el mundo también. Es muy difícil costearse los medicamentos si no tienes un buen seguro de salud, para que hablar del psicólogo y el psiquiatra. Para mi buena suerte, mi terapeuta es un ángel y si debo quedarme hablando con él más de una hora, se queda más de una hora para escucharme y guiarme. En cada sesión aprendo y descubro algo nuevo de mí y cosas en las que debo trabajar que, quizá, pensaba que estaba haciendo bien, pero en realidad no era así.

Es muy irónico, a veces, me contradigo a mí misma y, ¿por qué les digo esto? Porque en la sesión pasada con mi terapeuta yo le hablaba del amor y del enamoramiento. Yo siempre sentí que con "El niño" había sido la primera vez que yo me enamoraba y él me dijo que yo no me había enamorado, a lo que yo le respondí: "Sí, si me enamoré porque nunca había sentido lo que sentí por él, bajé mis barreras de protección y fui vulnerable con alguien por primera vez, dejé de ser fuerte".

Y ahí estaba la respuesta, él me dijo que solo había experimentado emociones que nunca antes había sentido, pero eso no quiere decir que me haya enamorado. Esas emociones siempre estuvieron ahí, guardadas bajo llave, pero nunca entregué la llave para que abrieran el baúl. Esa relación era como mi droga y me hice adicta a ella, si me la quitaban, me desesperaba. Cuando ya no la tuve más, me sentí vacía, que me moría. Estaba en modo desintoxicación de esa droga llamada *niño*. Eso es lo que causa este tipo de vínculos tóxicos y toma su tiempo recuperarse. Este tipo de relaciones dejan ciertos traumas, me he dado cuenta en la forma en la que últimamente me he puesto a pensar ciertas cosas.

¿Saben lo que es la disonancia cognitiva? La disonancia cognitiva es un estado desagradable que se produce cuando nos damos cuenta de que dos conocimientos, generalmente una actitud y una conducta, son contradictorias e incongruentes. Por ejemplo: "sé que fumar es malo para la salud y fumo mucho".

En mi caso, estoy en una lucha constante conmigo misma. A veces me culpo a mí y pienso que yo fui la loca que lo espantó, poniendo en duda su patología y quién es. Sin embargo, por otra parte, mi terapeuta me dijo que anotar dos situaciones que haya vivido yo con él todos los días en una libreta me ayudará a recordar quién es él en realidad, que no estoy loca, que no fue mi culpa y que el monstruo es él.

En la psicología, el término disonancia cognitiva hace referencia a la desarmonía interna del sistema de ideas, creencias o emociones que percibe una persona. Al mismo tiempo tiene dos pensamientos que están en conflicto o un comportamiento entra en conflicto con sus creencias.

SOY MAGIA

Capítulo veintiocho

La mente es tu aliada, no tu enemiga

Hoy en día estoy enfocada en mis proyectos, en todas las cosas que son realmente importantes, como sanar mi mente, cuerpo y alma.

Sé que aún quedan personas buenas en el mundo, con buenas intenciones y sin ganas de dañar ni destruir a otros, sin embargo, creo que para saber realmente si es así o no, deberé dejar que el tiempo y las acciones de esas personas me den la respuesta.

Ya no sé si es algo bueno o si es algo malo todo esto que les acabo de mencionar. Tal vez me volví más precavida, solo que conociéndome, seré tan precavida y tan desconfiada de que mi exceso de desconfianza podría terminar alejando a las personas y no dejar que me lleguen a conocer en profundidad. ¿Será que estos eran algunos de los aprendizajes que debía rescatar de toda esta situación? ¿Qué pasa si las personas con el tiempo me demuestran que yo puedo confiar en ellas, pero aún sigo desconfiando? Ya ese es mi problema, la mente que me juega en contra y los recuerdos. Sé, y me conozco tan bien, que tengo más que claro que voy a recordar momentos en los que "El niño" traicionó mi confianza y, gracias a esto, desconfiaré. ¡Qué complicado! ¿No? ¿Será que yo me hago la vida más difícil? Creo que ya sabemos la respuesta... Repitan conmigo: "Yo tengo el poder de ser feliz", "Yo tengo el poder de ser feliz", "Yo tengo el poder de ser feliz".

Repítetelo, Josefina, repítetelo...

La mente debería ser nuestra aliada, no nuestra enemiga. Tenemos todas las herramientas para felices y no las utilizamos a nuestro favor, nos autosaboteamos. Quiero que hagan un ejercicio, es entretenido y va a poner en duda todas tus creencias. Responde estas preguntas:

1. ¿Existe el destino o lo creamos nosotros con nuestros actos?

_____

_____

_____

2. Si pudieras saber tu futuro, ¿querrías conocerlo?

_____

_____

3. ¿Qué valores marcan tu conducta?

_____

_____

_____

4. ¿Cuántas de tus posesiones son realmente necesarias?

_____

_____

_____

5. ¿Qué te define como ser humano?

_____

_____

_____

Josefina Delaveau Eguiluz

Si tuviera un poder , sería volar y amanecer en donde quiera cuando quiera

6. ¿Qué le falta a la sociedad de hoy en día?

_____

_____

_____

7. ¿Por qué consideramos una locura aquel tipo de pensamiento que no coincide con el nuestro?

_____

_____

_____

8. ¿Es bueno que todo cambie continuamente?

_____

_____

_____

9. ¿Hay algo que sea eterno?

_____

_____

_____

10. ¿Las cosas tienen un sentido por sí mismas, o somos los humanos los que damos sentido a lo que percibimos?

_____

_____

_____

11. ¿Las emociones determinan los pensamientos o es al revés?

_____

_____

12. ¿Qué significa realmente el infinito?

_____

_____

_____

13. ¿El ser humano es bueno o malo por naturaleza?

_____

_____

_____

14. ¿Existe realmente la libertad?

_____

_____

_____

15. ¿Se puede comprender el mundo de forma objetiva?

_____

_____

_____

16. ¿Por qué algunas personas sienten la necesidad de expresarse artísticamente?

_____

_____

_____

17. ¿Es posible ser feliz estando solo?

_____

_____

_____

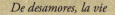

QUERIDO DIARIO

¡LA VOLVÍ A CAGAR!

18. ¿Hay que luchar por preservar el legado de las anteriores generaciones?

_____

_____

_____

19. ¿Por qué eres quien eres?

_____

_____

_____

20. ¿Te gustaría vivir eternamente?

_____

_____

_____

21. ¿Está bien mentir en algunas ocasiones?

_____

_____

_____

22. ¿Cómo sería el mundo si todas las personas tuviesen la misma opinión?

_____

_____

_____

23. ¿Qué es el tiempo?

_____

_____

_____

Capítulo veintinueve

Cap ou pas cap

Sábado 21 de octubre.

Me teletransporté a Chile, estoy en mi ciudad en donde me crié, en mi casa. Es tanta la diferencia entre estar acá rodeada de mi familia a estar en Estados Unidos. De hecho, cuando iba en el avión, me puse a hablar con la señora que iba sentada a lado mío en el vuelo de Fort Lauderdale a Houston, me hizo unas preguntas, pero de temas muy profundos, como si no tuviese amigas reales con las cuales ella pudiese hablar. Ella trabaja en *Real State* y vive en Los Ángeles. La vida en Los Ángeles es algo parecida a Miami o Florida, en general, las personas son muy superficiales y las mujeres a quienes consideras tus amigas son doble cara o simplemente no te dicen la verdad.

Me contaba que realmente no tenía amigas de verdad y que son muy pocas las veces que ha podido tener temas de conversación en los que puede hablar de cosas que le acomplejan o de la vida real en sí. Le expliqué que tal vez ella se sentía así porque son pocas las personas que son conscientes, es decir, que entienden que hay más allá que solo trabajar, ganar plata y comprarse ropa. Puede ser que no estés en el lugar en el que deberías estar y es ahora cuando te estás dando cuenta, porque estás despertando, eres consciente de ello.

¿Qué es lo normal? Lo que es normal para resto, tal vez no sea normal para ti. En fin, me sentí identificada, cuando les decía que a veces me siento como pez fuera del agua, ahora sé qué no soy la única. Hay más allá que solo hablar de autos, trabajo, estatus social, entre otras cosas.

Por lo general, las personas en Los Ángeles y en Florida, te categorizan. Te hacen unas preguntas y dependiendo lo que respondas serás invitado a su círculo social o no. Estas preguntas son relacionadas a tu trabajo, de dónde vienes, dónde estudiaste, cuánto ganas al mes o qué auto tienes.

Creo que esta fue una de las pruebas más grandes que me ha puesto la vida para fortalecerme. Como dice el dicho: "lo que no te mata te hace más fuerte", y así es. Decidí poner el famoso anillo de ola con la piedra turquesas en mi collar. Así que ahora uso el anillo, pero en mi collar junto con otras dos medallas más. He vuelto a intentar tirarlo al mar, es más, lo he intentado en reiteradas ocasiones, estando en Fort Lauderdale, Bahamas, Nueva York y Boston, después de todo si tenía un apego a él. Cuando me di cuenta de que no podía tirarlo al mar, decidí esperar para llegar a Chile y ver si es que lo puedo tirar acá.

Creo que son muy pocas las personas que pueden llegar a empatizar o entender este tipo de relaciones. Menos mal hoy en día y, poco a poco, en las redes sociales hablan más del tema y educan a la sociedad con contenido que proviene de psicólogos y expertos en este tipo de patologías, todo esto para evitar que haya más víctimas.

No es fácil reconocer a un narcisista entre la multitud, son como los camaleones, saben camuflarse bien y actúan muy bien para no quedar mal ante nadie. Saben dar una imagen impecable de ellos y es por esto que caen muy bien, se ven muy simpáticos, encantadores y extrovertidos. A veces pienso que es muy fácil juzgar a la mujer golpeada, pero cuando estás en ese tipo de vínculo tóxico, es muy difícil salir y por más que tus familiares o amigos intenten hacerte entrar en razón, es casi imposible, la víctima debe abrir sus propios ojos, así como lo tuve que hacer yo.

Los abusadores te lavan el cerebro y, finalmente, comienzas a cuestionarte lo que está bien y lo que está mal, lo que es normal y lo que no. Yo normalicé cosas en esa relación que, definitivamente, no eran normales y que no estaban bien.

Mi mamá me decía que porque yo no salí de ahí antes, que cómo pude aguantar tanto, que ella no hubiese soportado ni permitido que le hicieran eso, pero como les dije, es fácil juzgar de afuera si no lo has vivido en carne propia o si no sabes que es el trastorno de la personalidad narcisista.

Es por esto mismo que tengo la esperanza de que este libro, aparte de ser un testimonio real, pueda ayudar y educar a las personas, informarles y abrirles los ojos a otras víctimas a tiempo. Existen los monstruos y existen los demonios, pero en este mundo se llaman *narcisistas*, no caigas en el juego del abusador. Seas la amante, seas la esposa, seas quien seas, no caigas.

Cuando nuestros padres nos educan al ser niños y, bueno, toda la vida; siempre nos enseñan la diferencia entre lo que está bien y lo que está mal. Entonces, ya tú sabes qué hacer y qué no hacer, ¿verdad? En este caso, cuando estás bajo manipulación constante, abuso psicológico diario, entre muchas otras cosas, comienzas a perderte, poco a poco, que al final todo lo que ellos te enseñaron y esa diferencia entre el bien y el mal, deja de existir.

Amor

Sentimiento intenso del ser humano que,
partiendo de su propia insuficiencia,
necesita y busca el encuentro y unión
con otro ser

Sentimiento hacia otra persona que
naturalmente nos atrae y que,
procurando reciprocidad en el deseo de
unión, nos completa, alegra y da energía
para convivir, comunicarnos y crear.

@josedelaveau

Finalmente, cuando logras salir de esa relación de abuso psicológico, y hasta físico, te sientes perdida al principio, es como volver a empezar, porque vivías para esa persona, se había transformado en tu mundo, todo lo que eran tus hobbies, tus amigos, hasta tu trabajo habían quedado en el olvido y ahora debes empezar a retomar lo que era tu vida antes de conocer al narcisista, debes comenzar a reencontrarte contigo misma otra vez. Lo que más me ha costado ha sido aprender nuevamente qué está bien y qué está mal en una relación, qué es normal y qué no. Mi cerebro quedó un poco dañado digamos.

¿Cap ou pas cap? Y en español: ¿Capaz o no capaz? Hoy en día me siento completamente capaz de seguir adelante. He retomado mis hobbies, salgo a bailar sola como solía hacerlo antes de él sin problemas, canto, escribo, salgo con mis amigas, estoy volviendo a ser yo.

Foto con mi Omi, mi abuela, mi mamá nos llevó a comer algo a un café.

Capítulo treinta

Me perdono y te perdono

Han pasado unas semanas, y después de haberme conectado con mis emociones y hacer el típico *fake it until you make it,* lo perdoné y me perdoné. Me liberé de toda culpa y carga que llevaba acarreando como en una mochila por meses. Ahora viajo ligera y lista para lo que viene.

Trabajar el perdón no es algo fácil, mucho menos cuando debes perdonar a alguien que tanto daño te ha hecho, y a ti misma por haberlo permitido, pero si realmente quieres sanar y avanzar, debes perdonar. Es liberador, y mientras más me repito, mirándome al espejo, abrazándome: "Me perdono, lo perdono, me libero de toda culpa y lo libero a él de toda culpa", es cuando más liviana me siento.

Le escribí una carta, obviamente sin mandársela:

"Te perdono por todo el daño que me causaste, por todas las mentiras y el dolor que me hacías sentir constantemente, te perdono por haberme hecho creer que me amabas cuando no era así, te perdono por haberme manipulado y abusado de mí psicológicamente y, en algunas ocasiones, físicamente. No quiero vivir teniéndote rencor, ni mucho menos dejar que mi corazón se apague por lo que viví contigo; es más, te agradezco el haberme hecho tanto daño, porque de no ser así hoy seguiría siendo igual de confiada e igual de ilusa que antes. Me dejaste muchas lecciones, y aunque en su momento no entendía nada, hoy sí. Me merezco algo mejor y creo que cuando no somos nosotros quienes decidimos salir de donde no nos conviene, es

Dios quien permite que la otra persona te haga daño, se equivoque hasta que nosotros digamos "hasta aquí", y eso fue lo que pasó. Dios permitió, pero me permitió abrir los ojos y no me arrepiento de nada, tampoco de haber ido a Costa Rica. El haber ido me sacó la venda que llevaba conmigo, por meses, en los ojos. Te perdono y me perdono a mí por haber permitido que todo esto pasara, te perdono por haber actuado emociones y sentimientos. Me libero de toda culpa y lo que hagas de tu vida a partir de ahora ya no me incumbe, no me importa, no volveré a acarrear problemas que no son míos".

Miércoles 1 de noviembre.

Cuando llegué a Chile mi corazón llegó muy dañado y con mucho resentimiento.

Mi mamá no me había visto así en mucho tiempo y un día, hablando con ella, me desahogué y pude llorar en sus brazos, no por lo que me hizo "El niño", sino más bien porque yo, en su momento, sentía culpa. Jamás me había considerado como alguien tonto o con un bajo nivel de inteligencia, pero todo lo que viví me hizo sentir tonta a tal punto de creer que realmente lo era, cuando no es así.

A veces la soledad asusta, y sobre todo a las personas que les gusta estar rodeada de gente, porque no pueden estar solas. A mí me encantan mis momentos en soledad, sobre todo cuando viajo, voy a donde quiero, cuando quiero, no debo darle explicaciones a nadie y voy a mi ritmo.

Muchas personas dejan de ser ellas mismas cuando comienzan a conocer a alguien, a veces queremos encajar en un entorno que no es para nosotros y otras veces son otras personas las que quieren hacernos cambiar a nosotros.

He salido con hombres que vienen de familias conservadoras y no ha habido ni uno solo que no me quiera cambiar. Es como si tuviesen esa esperanza de que yo voy a cambiar para encajar en su mundo o en su familia, y eso no es así, no pasa y jamás pasará. Hice dos listados de lo que es negociable para mí y lo que no, antes de conocer a alguien y durante una relación.

Capítulo treinta y uno

El que se fue sin ser echado, vuelve sin ser llamado

Llegó el 2024 y uff, por dónde parto. Han pasado siete meses desde la última vez que vi y hablé con el niño, me gustaría cerrar este capítulo de mi vida contándoles que estoy bien, la terapia me ha hecho excelente, me he preocupado tanto por mí, de hacer ejercicio, de enfocarme en mis proyectos, de la publicación del libro y alguno que otro viaje, que ni tiempo me da para pensar en él. De hecho que leí todo el libro, hasta el capítulo 29. Lo logré, sobreviví, salí adelante y ahora brillo más que nunca. Mirando hacia atrás, el último año ha sido como un terremoto. No había estabilidad en ningún área de mi vida. Fue un caos constante, lleno de desafíos y obstáculos aparentemente insuperables. Pero, a medida que reflexiono sobre todo lo que he pasado, me doy cuenta de que cada experiencia, por difícil que haya sido, me ha llevado a donde estoy ahora.

Recuerdo claramente cuándo compartí uno de mis mayores sueños: trabajar online y ser dueña de mi tiempo. En aquel entonces, parecía un objetivo distante, casi inalcanzable porque mi único trabajo era ser azafata en yates y dependía de él al 100%. Sin embargo, aquí estoy, en medio del camino hacia esa meta, a ser la dueña de mis tiempos y debo admitir que la sensación es increíble.

Trastorno de la personalidad narcisista

Narcisista

El trastorno de personalidad narcisista se caracteriza por un patrón general de grandiosidad (grandeza), necesidad de adulación y falta de empatía. El diagnóstico se realiza por criterios clínicos y /o a través de las víctimas .

· Juegos de manos son de villanos ·

Ahora, trabajo para un alemán, una oportunidad que surgió de manera inesperada cuando uno de los huéspedes de los yates para los que trabajaba se convirtió en mi jefe. Es asombroso cómo la vida puede tomar giros inesperados y ofrecerte exactamente lo que necesitas en el momento adecuado. Gracias a este trabajo dejé el yate en el que me encontraba, para usar todas esas horas que invertía en él, en mis proyectos, la publicación de mi libro y en mí.

Agradezco profundamente cada desafío que enfrenté el año pasado, porque cada uno de ellos me empujó a esforzarme más y a no renunciar a mis sueños. Aunque aún no he alcanzado la plena libertad de ser la dueña de mis tiempos, estoy en camino hacia eso, y eso es lo que importa.

Este viaje llamado vida, me ha enseñado valiosas lecciones sobre la resiliencia, la determinación y la importancia de perseverar, incluso en los momentos más oscuros. Me siento agradecida por cada paso que he dado y emocionada por lo que el futuro me depara mientras sigo trabajando en mis metas y sueños.

Por otro lado, pasó lo que les dije que podría pasar, "El niño" volvió. Me escribió a mi WhatsApp a través de un número desconocido y lo bloqueé. Unos días más tarde me volvió a escribir para decirme que me amaba, que lo sentía, que yo era el amor de su vida, entre otras cosas, una sarta de mentiras que tú y yo sabemos, pero en fin, lo volví a bloquear sin ningún remordimiento o ganas de contestarle. Siempre vuelven, pueden tardar años, pero cuando uno de sus suplementos ya no les sirve, porque recuerden que tienen más de un suplemento (personas), vuelven o para desestabilizarte o para volver a engancharte, pero no lo logró.

Yo ya me había preparado para este momento en caso de que pasase. Lo había hablado muchas veces con mi terapeuta y no, no respondí a absolutamente nada. Es más, había 26 llamadas perdidas del mismo número con el cual me había escrito por segunda vez. Fue cuando abrí el chat que descubrí que era él que había estado llame y llame todo el rato y yo sin darme cuenta, porque había salido y había dejado mi teléfono en modo no molestar. Ya cuando llegué a la casa fue que lo bloqueé y no les voy a mentir, me sentí tan empoderada y en control de mis emociones, que no fue para nada difícil hacerlo, todo lo contrario, fue fácil.

Llevaba meses en proceso de desintoxicación, y así como dice mi terapeuta: "No le des la oportunidad al narcisista de que hable contigo, porque es tu droga y tú eres adicta a ella, si hablas con él, vuelves a caer". Y gracias a Dios no volví a caer. Puedo darme cuenta con esto que pasó que avancé mucho y es tanto lo que logré avanzar con mi terapia, que ni sentí tentación, nada, absolutamente nada. Salí de mi casa, fui a caminar y me llevé un bolso con ropa de cambio, toalla y un bikini puesto, al llegar a la playa, dejé el bolso en la arena, estiré la toalla, me saqué la ropa que tenía puesta, me dejé el bikini puesto y salté al mar, grité con una satisfacción y orgullo increíble. Lo logré, lo logré, lo logré, y si yo pude, tú también. No me dejé manipular, no le di ni siquiera la oportunidad de hacerlo y eso me hace sentir poderosa, que ahora sí, nadie nunca más me va a pasar por encima, porque yo no los dejaré.

Lo que él haga o deje de hacer ya no me afecta más y sí, esto ha sido un proceso duro que aún no termina, pero déjenme decirles que sí se puede, de verdad que sí. Cualquiera puede, pero debemos querernos y ponernos a nosotras mismas primero, porque *somos poderosas* y nadie debe hacernos creer lo contrario.

En estos siete meses de trabajo interno y terapia, aprendí a poner límites y el niño no fue la única prueba que tuve a lo largo de estos meses. Conocí a diferentes personas, pude identificar con quién sí y con quién no. Apliqué mi lista de lo que no es negociable para mí y me ha funcionado excelente. Llámame exagerada o lo que quieras, pero esta exagerada es más feliz siendo selectiva que dejando entrar a cualquiera en su vida y a eso le llamo amor propio. Quiero decirles que el tema del apego y la dependencia emocional es algo muy real y complejo. A menudo nos aferramos a personas, aun sabiendo que no son lo mejor para nosotros. Es importante reconocer que este patrón puede tener sus raíces en nuestras experiencias pasadas, especialmente en nuestras heridas de abandono o en el tipo de relaciones que presenciamos durante nuestra infancia. La infancia nos marca mucho y, aunque les cueste creer, mucho de los patrones que repetimos a lo largo de nuestra vida provienen de esa etapa. Puede que no recuerdes momentos amargos de ella porque tu cerebro las elimina, pero ahí están y si los viviste. Y puedes darte cuenta de que algo pasó en tu infancia por cómo te comportas estando en pareja o cómo te relacionas con tus vínculos amistosos o amorosos.

"

No voy a quedarme a ver cómo juegan conmigo como si fuera un títere , porque no lo soy

"

@josedelaveau

66

Dios, si no es para mi

SÁCALO DE MI VIDA!

@josedelaveau

Sin embargo, también es esencial tener en cuenta la importancia de soltar y dejar ir. Es natural resistirse al cambio y permanecer en lo que creemos es nuestra zona de confort, en mi caso era una relación. Porque incluso si no nos está haciendo bien, a veces decidimos quedarnos en ella con la esperanza de que algún día todo cambiará, pero no es así. Como les mencionaba desde un inicio, el crecimiento y la evolución solo ocurren cuando nos enfrentamos a nuevos desafíos y nos atrevemos a salir de nuestra zona de confort, en este caso, a salir de esas relaciones que nos hacen mal.

Te animo a que escribas sobre tus sentimientos y pensamientos, ya que puede ser una forma poderosa de procesar y comprender mejor tus propias heridas y patrones de comportamiento. Además, considera buscar apoyo adicional, ya sea a través de terapia o profesionales en línea, para ayudarte en tu proceso de sanación y crecimiento personal.

Debemos ser compasivos con nosotros mismos, somos seremos humanos, sentimos, nos equivocamos y, a veces, nos autoexigimos mucho, como si tuviéramos que ser perfectos, cuando no es así. La imperfección es lo que los hace único a cada uno de ustedes, nadie es perfecto, y aunque lo parezcan, no es así.

Físicamente una persona puede ser preciosa, pero ¿qué hay de su personalidad?, ¿de su inteligencia? Recuerden que el físico va cambiando a medida que pasan los años, vamos a ir envejeciendo, ¿y qué nos va a quedar? Pues, nuestra inteligencia, nuestra personalidad y, mejor aún, nuestro corazón.

Eso es lo que nos va a quedar y lo que siempre va a caminar con nosotros, es lo que nos hace diferentes. Una persona puede ser extremadamente bonita, pero si no es inteligente o su personalidad no es compatible con su belleza externa, ¿es realmente bonita? No, no lo es.

Por favor, recuerda que no estás solo en este viaje, un viaje llamado vida. Muchas personas también están lidiando con patrones similares y están trabajando para sanar y crecer. Mantén la esperanza y la determinación para poder seguir adelante.

He comprendido que mientras más me ame a mí misma, todo a mi alrededor mejorará. Estoy agradecida de todo lo que viví a lo largo del 2023, de las personas que he ido conociendo, pero, sobre todo, estoy agradecida de la maravillosa familia que tengo. Agradezco de todo corazón a cada una de las personas que forman parte de mi vida en este momento. No es necesario mencionarlos individualmente, porque cada uno de ustedes sabe exactamente quiénes son. Cada persona ha sido un regalo en mi camino, aportando de manera única a mi vida, y espero haber podido corresponder de alguna forma en sus vidas también.

Mi deseo más profundo es seguir creciendo, tanto personal como profesionalmente. No hay límites para el aprendizaje, y estoy comprometida a seguir educándome y evolucionando en todos los aspectos de mi vida. Pero más allá de eso, espero seguir rodeándome de personas tan maravillosas como las que tengo ahora.

Tengo fe en que este libro de alguna u otra forma hará un impacto en la persona que lo está leyendo ahora y déjame darte las gracias, gracias por leer cada una de estas páginas, significa mucho para mí.

Esta red de apoyo que hemos construido entre mis familiares, amigos y terapeuta, es invaluable. Cada uno de ustedes ha dejado una huella imborrable en mi corazón, y estoy profundamente agradecida por ello. Aquí, en medio de este camino, solo puedo mirar hacia adelante con gratitud y felicidad por todo lo que se viene

Querido 2024, desde ya te agradezco todas las alegrías que me das, la salud y la abundancia que llega cada día a mi vida. Este año traigo conmigo un chaleco antibalas, porque quien se atreva a disparar, no me matará, es más, no quedará ninguna cicatriz y si me caigo, me levantaré del piso sin rasguño, con una sonrisa de oreja a oreja.

Volví a brillar.

Gracias mamá, gracias papá y gracias hermano por haber tenido siempre fe en mí y en mi fortaleza, tenían razón, después de la tormenta sale el sol.

Con mucho amor para todos ustedes.

" TENGO TODO EL POWER PARA SALIR ADELANTE "

Printed in the USA
CPSIA information can be obtained
at www.ICGtesting.com
LVHW052304301024
795104LV00021B/502